スカウト目線の現代サッカー事情

イングランドで見た「ダイヤの原石」の探し方

田丸雄己

光文社新書

スカウト目線の現代サッカー事情　目次

第３章

優れた才能を発掘して獲得するには［後編］ 73

第4章

第5章

第7章 育成世代の選手とプロでは何が違うのか 153

第8章 スカウトという職業の生態 175

第9章 スカウトはどうやってスカウトになるのか **193**

第10章 フットボールを観察する力（observation）とは 213

第11章 フットボール都市ロンドンの生態系［前編］ 235

第12章 フットボール都市ロンドンの生態系［後編］ 253

★本書は光文社新書noteの連載「サッカースカウトが見る現場目線のフットボール」に修正と一部書下ろしを加えて書籍化したものです。

プロローグ——サッカー好きが高じてイングランドでプロのスカウトになるまで

サッカー少年、スカウトになる

２００２年からサッカーが好きだ。日本サッカー界にとっては日韓ワールドカップが開催され、初めて日本代表がベスト16に進出した歴史的な年。自分にとっては初めてサッカーチームに加入した、初めてプロの試合をスタジアムで観戦した、初めて日本代表戦を見た、サッカー人生のスタートと言える年である。

ただ、実は一番影響が大きかったのはスポーツオーソリティで父親に買ってもらった２００１‐２００２チャンピオンズリーグダイジェストだ。いまサッカーに対して抱く愛情や捉え方は、ここで大きく形作られたのではないかと思い返すことがある。ここでいう捉え方とは、「サッカーってこういうスポーツだ」という個人的な思い込み、観念のことだ。

具体的に言えば、2001‐2002チャンピオンズリーグのレバークーゼン対リバプール、マンチェスター・ユナイテッド対デポルティボ・ラ・コルーニャなどのシーソーゲームをVHSで見た筆者の心の中には、「サッカーとは攻撃して得点を奪う、奪われたら奪い返すスポーツ」と感じ、リスクを冒してでも攻めるべきという信条のベースが作り上げられた。「守備的スタイルで守り切るよりゴリゴリ攻めて点を取ることが美しい」という観念が自分の中で芽生えたのだ。

こうした「原体験」がその後の物事の捉え方に大きな影響を与えているのはきっと筆者だけじゃなく、多くのサッカー人に共通しているだろう。サッカーが好きな人と話す時には、そういった部分を掘り下げると面白い。

2002年以来、サッカーというスポーツに様々な立場で関わってきた。ある時はプレイヤーとして、ある時はサッカーカードゲームのコレクターとして、ある時はハンガリーのアマチュアサッカーグループ代表として。そして2023年1月現在は、イギリスのプロクラブのスカウトとしてこのスポーツに従事している。

Premier League
South Asian Action Plan
Talent ID
Summit
Yuki Tamaru
Stoke City
KICK IT OUT

スカウトの勉強会にて

「スカウト」とは何者か

筆者はイングランド2部所属のストーク・シティ、そしてスコットランド1部所属のマザーウェルで働くスカウトである。スカウトとはサッカー選手の発見、情報収集、評価を担当する役職のことだ。日本では選手を探してくる人＝スカウトマンと呼ばれることも多いが、イギリスではスカウトという呼び方が一般的。多くのスカウトはフットボールクラブで働いているが、イギリスではフリーランスのスカウトも存在するし、データを収集するスポーツベッティング企業、仲介人業を営むエージェンシー、将来の広告塔を探すスポーツブランドにもスカウトが在籍している。

また、イギリスのフットボールクラブに設置されているスカウト部門は分業化が進んでおり、年代別、ポジション別、エリア別の専任が存在する。筆者の正確な役割を説明しようとするとどうしても長くなってしまうが、ここではせっかくなので自分の各クラブでの役割を明確に書いておきたい。

ストーク・シティではロンドンでプレーする15歳から19歳の選手を発掘し、情報を集め、クラブにトライアルや獲得の提案をする役割を担っている。観戦対象リーグはプレミアリーグのU16やU18、U21が中心だが、レベルは問わず良い選手の情報を聞きつければどこへでも向かう。

例えば、U18プレミアリーグのアーセナル対トッテナムのノースロンドンダービーを視察した2時間後に、観客のほとんどが選手の家族か友人という9部リーグの試合で「南ロンドンのジェームズ・ミルナー」と呼ばれる17歳のミッドフィルダーをスカウトしていることもある。ストーク・シティでは、自分はクラブの育成機関所属となるため、現在のパフォーマンスももちろんだが、それに加えて将来性を予測しながら選手評価を行わなければならない。ちなみに南ロンドンのジェームズ・ミルナーは確かに本家顔負けの運動量とインテンシティは垣《かい》間《ま》見《み》えたが、闇雲にミドルシュートを打ちまくるので見送った。

マザーウェルでは、世界中のプロリーグの試合を観戦することができるWyscoutと呼ばれるプラットフォームを使用してJリーグでプレーする若手選手をリモートで追いかけながら、ロンドンの24歳以下の有望な選手を現地のスタジアムで視察している。ロンドンの選手に関していうと、視察対象リーグの上はプレミアリーグから下は6部の地域ナショナルリーグまで。それに加えて、アカデミーに所属している21歳以下の選手たちがプレーするU21リーグも対象となる。こちらはファーストチームに入る選手を探すことが求められているので、将来的に伸びるかどうかよりも現時点でのパフォーマンスを基に選手を選別する。

ストークはロンドンから北西に電車で2時間ほどの場所にあり、マザーウェルに至ってはイングランドではなくスコットランドのクラブである。どちらもロンドンのクラブではない。筆者はロンドンに拠点を置いているので、これらのクラブとは普段はリモートでコミュニケーションを取り、年間を通して数回行われるクラブ全体の勉強会の時のみ本拠地に行く。だから、自分が働くクラブの同僚と会うよりも、同地域を担当する他のクラブのスカウトと会うことの方がよっぽど多い。イングランドではスカウトに担当地域を割り当ててリモートで雇用することが当たり前で、筆者もイギリスに来て五つのクラブでスカウトとして活動してきたが、シーズンを通して上司にも同僚にも直接会ったことがないこともあった。

ちなみに、筆者はキャリアのスタートからスカウトを目指していたわけではない。自身の経歴を見返してみると、イタリアのエージェンシーで東欧地域専門のスカウトをしたり、サッカーゲームのデータエディターとして活動したり、サッカーコンサルティングの会社で通訳をしていたりと、やっていることはバラバラだ。4年前の日記帳には「10年以内にチャンピオンズリーグに監督として出場する」という目標が書いてある。当時は指導者への憧れが

スカウトスタンドからの試合風景

あり、指導していく中で見えてくるフットボールの新しい風景が魅力的だった。この目標は、当時コーチをしていたU14の女の子たちに心をボロボロにへし折られたこと、同時並行していたイングランド4部のスカウトが楽しくて仕方なかったことなどの理由でいつの間にか消えている。

イングランドはとにかくスカウトが多い

筆者がスカウトを目指すことになったのはイングランドにおけるスカウト文化の豊かさと触れ合ったからだと、振り返ると思う。その規模感と文化を形容することは難しいが、アーセナルのアカデミーダイレクターであるペア・メルテザッカーの言葉を借りると、“Eyes are everywhere in London.”（ロンドンにはどこにだってスカウトがいる）。

まずスカウトの数が多い。とにかく多い。クラブによって多少の差異はあるが、プレミアリーグのクラブであれば大体どこもアカデミーに50人近く、トップチームに20人ぐらいはスカウトがいる。マンチェスター・シティやチェルシーなどのビッグクラブはそれ以上の規模である。プレミアリーグの一つ下のカテゴリーであるチャンピオンシップも、財政規模が大きいクラブではプレミアリーグのクラブと同等のスタッフが雇われている。

スカウトが多いのは何もこうした1部や2部のクラブだけでなく、3部と4部、そしてノンリーグと呼ばれる5部以下も同様だ。筆者が２０２１-２０２２シーズンにヘッドオブリクルートメントとして所属していた8部のクラブには、ファーストチームに自分を含め7人のスカウトがいた。それぞれがエリアを担当し、毎週8部〜10部の試合を視察する。大袈裟でなく、ロンドンであれば至る所にスカウトがいる。

アカデミー年代でもＵ７やＵ８からU21までリーグ戦はくまなくカバーされ、プロの世界と同様に選手情報がやり取りされている。「イングランドフットボールの特徴はなんですか?」と聞かれたら、「スカウト文化が豊かであること」とまず答えたい。また、日本とイングランドのフットボールの最も大きな違いは何かと聞かれても、個人的にはやはりこのスカウト文化だと感じる。

クラブ内のスカウト部門にもポジションが乱立しており、例えばストークでの筆者の正式な肩書きは「Emerging Talent Scout for London」となる。Emerging Talent Scoutは主に15歳から21歳までの年代をカバーするスカウトを指す。マザーウェルであれば「Video Scout for Japan and London」となる。

それ以外にも「Pre-academy Scout」、「Recruitment Analyst」、「Player Insight Analyst」、「Position Scout」、「Exit Scout」、「Area Coordinator」、「Data Scout」、「Technical Scout」、「First Team Scout」、「Regional Scout」、「Video Scout」、「Non-League Scout」、「Recruitment Operation Scout」、「Chief Scout」、「Recruitment Coordinator」、「Academy Game Watcher」など、数えきれないほどのポジションが存在する。イングランドはプレミアリーグのクラブでもボランティアやパートタイムのスカウトがたくさんいるため、分業化を進めることができているのだろう。

先述したように、スカウトが活動する場所は広がりを見せている。クラブだけでなく、今ではエージェンシー、スポーツブランド、データ＆テクノロジーを提供する企業、サッカーゲームメーカー、スポーツベッティンググループ、スポーツメディア、国や地域の代表チーム、民間のスカウト団体、スカウト育成学校など様々だ。アディダスのスカウトが将来の広告塔になる選手を発掘し、ＦＩＦＡ23のスカウトが現実とゲームのパラメーターに差異がないかを確認し、民間のスカウト団体がクラブの手の届かないエリアをカバーしている。団体やチームに属していなくてもフリーランスのスカウトとして活動している人もいる。もはや誰でもスカウトになれるのだ。

スカウトを目指す人も数えきれない。大学にはスカウト学部が設立され、スカウト養成のためのコースもある。イングランドではスカウト求人が毎月のように出るが、その競争率はとてつもなく高い。プレミアリーグであれば、ボランティアスカウトと呼ばれる無給のスカウトでも一つのポジションに500人ぐらいの応募がある。パートタイムやフルタイムとなればそれ以上だ。

「サッカー学部」からどうやってスカウトの仕事を手に入れたか

大学のスカウト学部とはなんぞやと思われる方もいるかもしれないので、ここで少しイングランドの大学のフットボールに関わる学部について触れる。

イギリスの大学は多くの学部が3年制、大学院が1年制である。またフットボールの母国らしく、法学部、経済学部、医学部、文学部と同じ並びでサッカー学部なるものが存在する。サッカーの専門学校というわけではなく、普通の大学にサッカー学部が組み込まれているのだ。最近はサッカー学部も細分化されてきており、コーチング、分析、ジャーナリズム、データサイエンス、スカウティングなどの分野で専門の学部が設立されている。筆者の大学時代の友人の1人はサッカー審判学部の大学院に通っている。

　もちろん、卒業すれば学士号（一般的に言われる大卒）、もしくは大学院であれば修士号が与えられる。筆者は去年の夏に大学を卒業し、現在はパフォーマンス分析の修士号を大学院で取得中だ。自分が通っていた大学は授業が週2日だけで、そのうちの1日は午前中のみ。大学の講義時間外では学生がそれぞれ所属しているクラブでの活動に時間を使ったり、提携先のクラブでインターンとして活動する。

　いつも思うが、フットボールの仕事は思いもよらないところからやってくるし、いつなくなるかわからない。学部1年生の時にアーセナルのスカウト部門でインターンをする予定だったのだが、インターン初日の朝に、自分の担当になる予定だったスカウトがクビになった。その人から電話で「ごめん、俺の籍はもうそのクラブにないんだ」と、聞こえるかわからないぐらいの音量で言われ、信じられずにヘイルエンドと呼ばれるアーセナルの施設まで向かったが当然その人はいなかったし約束も消え去っていた。他にも、ウェストハムのスカウト求人に応募して最終選考まで残ったのにコロナ禍のせいで消え去ったり、チェルシーで2年間インターンをした後、面接官が全員その時の知り合いという好条件で迎えたアカデミースカウトのポジションの最終面接も「経験が少ない」という理由で落とされた。ちなみにその

Introduction to Athlete Wellbeing
Importance to aspiring elite athletes:
Baker and Horton (2004) suggested:
Essential for the development and demonstration of expertise:

大学での授業風景

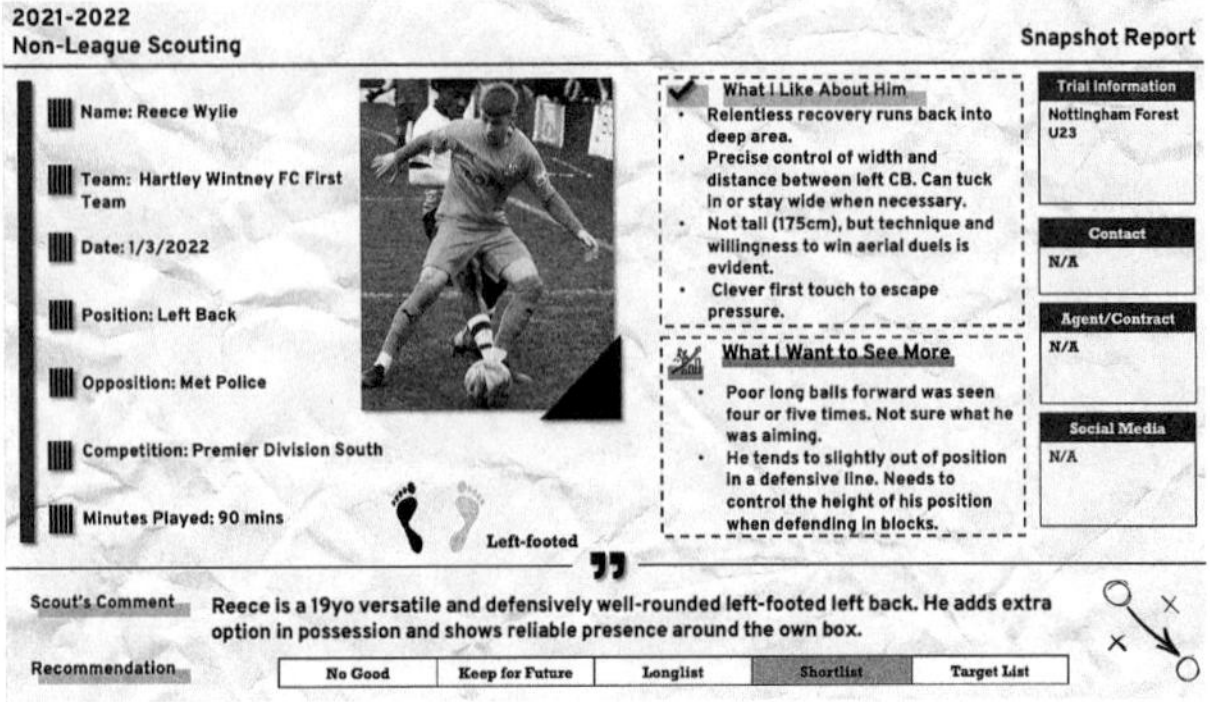

筆者がツイッターにあげていたスカウトレポート

ポジションには、マンチェスター・ユナイテッドとクリスタル・パレスで12年間スカウトとして活動していた人が選ばれた。いや、書類選考の時点でわかるじゃん……。

スカウトの仕事を得た経験について話すと、報酬が発生するオファーや給料が出る仕事はツイッター（X）やリンクトインなどのSNS経由が筆者の場合は多かった。初めてフットボール界でフルタイムの仕事のオファーをもらったのはリンクトインを通じてだったし、FIFAのゲームのタレントスカウトもツイッターから申し込んだ。本書の基となった連載のオファーもツイッターで話をいただいた。周りを見ても、フットボール界でもSNS就活の波は起こっている。チャンスは薄いかもしれないが、もしこれからイギリスへ行くという人がいれば試してみる価値はある。

スカウトの道しるべになるために

過去の話が長くなったが、ここで少し将来の展望も話したい。キャリアの目標としてはいずれ、スポーツダイレクターやフットボールダイレクターと呼ばれるクラブ内のフットボール部門を統率するような人間になりたい。ただ、あくまでそれは自身のキャリアの話だ。より広い意味でやりたいことは、これからスカウト業界に入ってくる人たちへ少しでもパスウェイを築くこと、そして日本でスカウトの存在をもっと広めることだ。

最近は英語と日本語どちらのアカウントでも、スカウトを目指している若者から連絡をもらうことが多くなった。「スカウトになるために何をすればいいか?」とよく質問される。答えは明確で、イングランドであればとにかく何部のクラブでもいいから、スカウトをすぐに始めて試合を見に行くことだ。スカウトとして試合を見に行くとスカウト専用のエリアに通されて、他のクラブから来ているスカウトと関わる機会ができる。そこで築いたコネクションから仕事が来るのを願うことしかないかもしれない。

一般に出ている求人に応募するのもあり。ただ、よほどの経験と実績がないと数百倍の競争率はくぐり抜けられない。自分のようなＳＮＳ就活にどれくらい再現性があるのかは、正直言ってわからない。このように、スカウトになりたい人は多いが、道の進み方はいまだに偶然や幸運に依《よ》っているところが多いと思う。

スカウトという職業に関しては今のところ、資格を取るための学校に通って、卒業時に試験を受けて、その後就職するといった確立されたルートはない。スカウトを養成するためのオンラインコースやイングランドサッカー協会が管轄するスカウトライセンスはあるが、それを取得することとスカウトの仕事を獲得することのつながりは現時点では薄い。資格や必要な技術なども明確にされていない。自分はこの部分で、クラブと新しいスカウトをつなぐガイドのような役割をできたらと思う。

また、日本でのスカウトの注目度をもう少し高めたい。スカウトを目指す人が増えて、もっと多くの選手にスポットライトが当たり、埋もれているダイヤの原石を掘り出すことができたら幸いだ。「質」の高いスカウトを育成するためにはそもそも、その職業を目指す人の「数」が欠かせない。まずはフットボールに興味がある人にスカウトという役職の存在を知ってもらい、その業務や立ち位置、やりがいに触れてもらう機会が必要だ。

チェルシーのトレーニンググラウンド アカデミートライアルの現場

そのために、本書では主に自分がイングランドで見ているスカウトの風景を紹介し、これまで深く触れられてこなかったスカウトの実態や選手の見方、さらにはスカウト目線でイングランドのフットボールをもっと楽しむ方法などについても掘り下げていきたい。

この本を読んで、「おっ、スカウトの仕事って自分に結構向いているのかも?」と興味が湧いて、スカウトに関心を持ってくれたら幸いだ。欲を言えば、これを読んで将来スカウトになる人が出てきてくれたらいいなと思う。

第1章

サッカースカウトの日々の仕事

スカウトの仕事を一言で表すと

「サッカーのスカウトをしているんです」と自己紹介をすると、「プロの選手じゃなかったのに選手のスカウトができるんですか!?」と筆者の地元では言われることが多い。これは相手が煽《あお》っているとか嫌味を言っているわけではなく、単純な疑問として聞いているのだろう。普段フットボールに関わってない人からすると、スカウトってプロの選手だった人しかできないんじゃないか？　ぐらいの認識だろう。もしくはスカウト＝元プロが引退後にする仕事。それくらい、スカウトの仕事は認知されていない。

　そもそもどんな人がスカウトなのか、どういう仕事をしているのかという情報自体が、サッカー界のテクニカルな職業（例えばコーチや戦術分析官など）に比べると外に出ていない。ＳＮＳやインターネット上でもスカウトの肩書きをオープンにしている人が少ないので、生の情報も入りにくい。試しにツイッターで「スカウト」と検索すると芸能系や、いわゆる夜職系のスカウトの方が圧倒的にヒットする。

　そこで、第1章ではスカウトの仕事内容について話したい。ただ、筆者ができるのはあくまでイングランドでの話で、日本のクラブも同じかと言われたらそれは全く保証できない。

スカウトの仕事を一言で表すと、「クラブの選手獲得に関する意思決定を助けること」だと個人的には考えている。選手の調査や視察、スカウトレポートの作成、データベースの更新、代理人とのコンタクト、ＳＮＳやメディアのチェックなど各論をあげれば細かくなってしまいキリがないが、全てはクラブの選手獲得に関する意思決定を助けるためという総論にまとめられる。

スカウトの仕事としてよくフィーチャーされる「試合を見ること」も意思決定を助ける手段の一つ。試合を見ることは当然大切で、スカウトの仕事のコアだが、それ以外の方法でクラブの役に立つこともできる。

スカウトの仕事は、意思決定のあくまで「補助」であることが大切だ。多くのイングランドのスカウトは、獲得選手の提案や選定には関わるが、獲得決定権は握っていない。スカウトに関わる人間で、いわゆるfinal sayと呼ばれる選手獲得のゴーサインを出せる人物はヘッドオブリクルートメント、ヘッドオブＵＫスカウトなど一部のキーステークホルダーに限定される。ただし、これはそのキーステークホルダーのみの選手評価によって選手獲得が決まることを意味するものではない。選手獲得の決定は上層部によって行われるが、その決定の基となる選手評価と選定は、上層部だけではなく多くのスカウトによって集団的に行われる。

例えばチェルシーでは、ある19歳のＣＢ（センターバック）を獲得する際に、14人以上のスカウトがそれぞれ最低３回以上視察し合計で56回、２年半にわたってその選手を追っていた。選手の評価にはこれほど多くのスカウトが関わっている。ただし、最終的に「その選手を獲得します」と言えるのは１人ということだ。

このように、イングランドではどれだけ経験があるスカウトでも、その人だけの選手評価を基に選手の獲得決定が行われることはまずない。サッカー映画『ＧＯＡＬ！』の一幕では１人のスカウトが、ドリブルが上手な選手をたまたま見つけて声をかけ、ニューカッスルのトライアルに呼ぶというシーンがあった。過去についてはわからないが、現在ではそうしたケースはほぼない。育成年代のスカウティングでも、複数回にわたって複数人のスカウトが関わりながらその選手を評価する、クロスチェッキングという方法が一般的である。各スカウトの評定を平均してどの選手が最もクラブにとって必要かを決めていく、集団的な意思決定と言えるプロセスが踏まれるのだ。

……と長々書いたが、筆者が過去にスカウトとして所属していたクラブで「あの選手は▲

▲（チャンピオンズリーグの常連だった有名選手）の甥《おい》っ子だからね〜」とか、「上司の知り合いの子らしい」という理由で獲得していることもあった。どの世界にも例外があることはここで強調しておく。

試合を観る前の調査が肝

スカウトの仕事に話を戻すと、日常的な業務は主に調査、視察、レポートの三つだ。

まずは調査。スカウトというとやはり選手を見に行くことが仕事だと思われがちだが、その前段階の調査について触れられることは少ない。当然だがスカウトがいきなり試合に行くことはなく、十分な情報を基に視察先を決めている。

日常生活の出来事と比較すると、その重要性がイメージしやすい。あなたが旅先で美味《おい》しいご飯を食べたいと思ったら、いきなり街に繰り出す前に下調べをすると思う。まずインスタでレストランの写真を見たり、グーグルマップの口コミを見たり、レビューを読んだりして、特別なメニューがあるとか、ホテルから近いとか、美味しそうだけどホテルから遠いし周りに何もなさそう……など、様々な基準で行くべきお店の最終判断を下すだろう。スカウトもそれと同じ。最適な選手を見つけたいのであれば、むやみやたらに試合へ向かわずしっかりと下調べをしておくことが大切だ。避けることができる失敗はしたくない。

調査の幅は広く、自チームの現状、視察対象試合、注目選手、興味深いクラブなど多岐にわたる。こうした要素を考慮して最終的に行く試合を決める。限りあるリソースの中で効率的に適切な選手を見つけるという課題は、一部のスーパーリッチクラブを除いてどこにいてもつきまとう。このリサーチ能力は、スカウトの世界を知れば知るほど重要だと感じる。

筆者がチェルシーやウェストハムなどのプレミアリーグのクラブのスカウトポジションに応募した時も、書類審査の後にリサーチタスクが必ずと言っていいほど課せられていた。この調査能力はスカウトの必須能力の一つとしてみられている。なぜなら、自分の足で稼ぐ情報には限界があるからだ。経験豊富なスカウトはロンドンのクラブ中に情報網があり、良い選手が出てくると自然に情報が入ってくるシステムを構築している。クラブからすれば最低限のコストで最大限のエンドプロダクトを約束してくれるスカウトが望ましいのだろう。

効率性以外の面でもリサーチは大切だ。筆者が担当しているロンドンエリアでは月曜日から日曜日までファーストチームの年代であれば毎週１００試合以上、アカデミーも含めるとそれ以上の試合が開催されている。その全ての試合をカバーするのは、どんなにリソースが

10部の試合でもぼちぼちお客さんがいる

	午前	昼〜夕方	夜
月曜日		Millwall U21 vs BristolCity U21	Met Police vs Kingstonian (Youth League)
火曜日		Watford U21 vs Huddersfield U21	
水曜日		Dartford U21 vs Eastleigh U21	Fulham U21 vs Valencia U21
木曜日			Leyton Orient U15 vd Southend United U15
金曜日			QPR vs Reading
土曜日	Chelsea U18 vs Everton U18	Guildford City vs Farnham Town	
日曜日		Crystal Palace U21 vs Everton U21	

2022年10月のある1週間の試合スケジュール。QPR対Readingはスカウトではなく、一ファンとして観戦した

整っているクラブでも不可能だ。また、時間がかぶる試合も多い。

あとは自チームの戦力分析。イギリスではよく“You have to know what's in the building.”（自分のクラブにどんな選手がいるか知っておかなければならない）と言われる。自チームのレベルと各ポジションに求められている要素を把握しておけということだ。

筆者もチェルシーのインターンを始めた当初、上司に「レポートする選手のレベルが低い。チェルシーのアカデミーの試合はどれくらい見たことある？」と聞かれ、よく考えた

ら1回しかなかったなんてことがあった。そもそも自チームの基準を知らなければ、外に出たところで誰が良くて誰がそうでないか、自分の中で基準が持てない。

こういったリサーチを基に、試合視察のスケジュールを立てる。火曜日の夜、土曜日の15時、日曜日の午前など試合が行われやすい時間帯はクラブから割り当てられた試合で埋まる。それ以外の空いている日程で面白い選手がいる試合や情報収集のための試合をクラブに提案し、視察許可をもらう。

ちなみにどれくらい試合を見るかというと、スタジアムで見る試合の数は1週間に平均8試合。録画された映像も含めると12試合ほどになる。時期によっても視察する試合の数には増減がある。シーズンの序盤は各チームの戦力図、勢力図、新戦力を把握できていないため、出来るだけ多くの試合に行く。初めは幅広く自分の担当地域を見始めて、シーズンが経過していくうちに見るエリアやクラブを絞っていくイメージだ。

スタジアムでの「所作」

スタジアムへは試合開始の1時間前に着くように出発する。正直、行く時間はスカウトに

チェルシーのラウンジ

よって違い、試合開始ギリギリに来る人もいれば、2時間前に入ってうたた寝している人もたまに見かける。時折、「スカウトはウォームアップから注意深く選手を観察している」などと書かれている記事やブログを見るが、イングランドに限っていうとそこまででもない。試合のパフォーマンスが一番重要視されていることに加え、試合の1時間前からスタンドでキックオフを待つには単純に外が寒すぎる。

　スカウトが通される場所は関係者用のラウンジで、きれいなカーペットが敷かれており、無料でコーヒーや軽食などを楽しめる。スタンドに出ればいわゆるFワードを連発するような人でも、ここではみんなお上品だ。他のスカウトや代理人とコミュニケーションを取るのに最適な場所でもある。

プレミアリーグのクラブのスタジアムでは、しっかりとした夕食を楽しめるところもある。以前チェルシーの試合を視察した際はローストビーフの切り落としコーナー、フレンチのビュッフェ、チーズステーションと呼ばれる様々なチーズが寄せ集められたテーブルなどがあった。ちなみに夕食に関しては無料だが、アルコールはきっちり別料金。そもそも試合前にあまり飲むなよとも思うが、そこは個人の自由。隣のスカウトがきっちり高額請求されていた。また、ナイトゲームにビュッフェを期待して行くと、チョコクッキーしか置いていない場合もあるので注意が必要だ。

試合会場に早めに行くのは何も食べ物のためだけではない。メンバーを把握するためでもある。基本的には、プロであれば試合前にクラブオフィシャルのチームシートが配られる。その日のスタメンやベンチにいる選手が載っている紙だ。

チームシートはプロの試合であればきっちり時間通りに準備され配布されるが、セミプロやU18の試合となると途端にないことがざら。ホワイトボードに半分消えかけた状態で殴り書きされていて読めなかったり、「ダンっていうおじさんが知っているわ」と受付に言われてスタジアム中でダンおじさんを探してやっと見つけ出したり、とにかく時間がかかる。大体のファンはおじさんと言われる年齢層の方々だし、ダンもイギリスに多い名前なのでわかるわけない。やっとの思いでチームシートらしき紙を見つけてもファーストネームだけで背番号が書かれていなかったり、スペルが間違っていたりと、正確に名前と背番号を把握するのは思ったよりも難しいのだ。プロの試合であればある程度顔を見るだけでわかるし、アプリなどにもスタメンが載っているが、それ以外のレベルであれば自分で探るしかない。

選手視察はバイアスとの戦い

そして試合が始まる。視察はスカウトとしてのコア業務であり、それだけにスカウトによって様々な手法やこだわりがある。

非注意性盲目やバイアス、記憶の誤り、誤解釈、視野&視力、感情の状態……など、人間が見る・認知するという活動には障壁がある。筆者も今までのレポートを見返してみると中盤のボールさばきがうまい選手ばかりをピックアップしている時期があったが、そもそも中盤の選手がピッチ上で一番テクニカルなのは当たり前のことじゃないか、という疑問が生じたことがある。

試合を見ているとどうしても自分側のサイドでプレーしている選手の情報を集めがちで、特に、画質がそこまで良くない録画の映像で視察する時は逆サイドよりも近い方の選手が良い選手に見えたりする。また、北欧などの人工芝できれいに整えられているピッチだと天然芝の凸凹《でこぼこ》があるピッチよりも選手がテクニカルに見えるなど、人間の認知と視覚は驚くほどにムラがあるそうだ。このような例はいくらでも挙げられる。

スカウトではなくても、あなたも似た経験があるはずだ。例えば応援するチームのストライカーがここ数試合、決定機を外しまくっているとしよう。次の試合でまたチャンスを外すと、きっとあなたは「やっぱりあいつはダメだ。シュート外しすぎだろ」と思うかもしれない。しかし、その〝チャンス〟を後から映像で見返すと、どの選手でも決めきれない難しい状況だったなんてこともあるのではないだろうか。

自分が認知的に、あるいは視覚的にどんな弱みがあるのかを知っておくこと、そしてそれへの対応策を持っておくことが大切だ。そのためには、クラブが選手に求めていることと自分が選手に求めていることをしっかりと区別しておくことや、どういう選手にバイアスがかかりやすいのか、どういう選手に惹かれやすいかなど自分のことをよく理解しておくことが必要だ。

またスカウトはピッチ上で起きていることの良し悪しの判断はできるが、ピッチ上で起きていないことについては何も言えない。もしくは特定のアクションが起きていないことを認知できない可能性もある。それをら防ぐためにはチェックリストを使用したり、KPI（重要な指標）をあらかじめ設定しておいたりする。

試合中は周りのスカウトと話すこともあるが、筆者は1人で黙々と視察し、ノートを取る派。以前は隣に座っているスカウトや代理人とずっと話しながら試合を見ていたが、どうしても会話に集中してしまって、試合内容が全く頭に入ってこない。目の前で起きていること、注目している選手のパフォーマンスなどはボールが外に出た時にメモを取り、出来るだけ詳細に記述しておく。スマホでメモを取る方が圧倒的に早いと思うが、スタンドからメモを取っている姿こそスカウトじゃないかという変なロマンが自分の中にあるので、いまだにペンとノートパッドを使っている。

自分で集めた情報は後々価値が生まれる

試合が終わるとすぐにレポートをクラブへ送る。どこのクラブでも試合後24時間以内が原

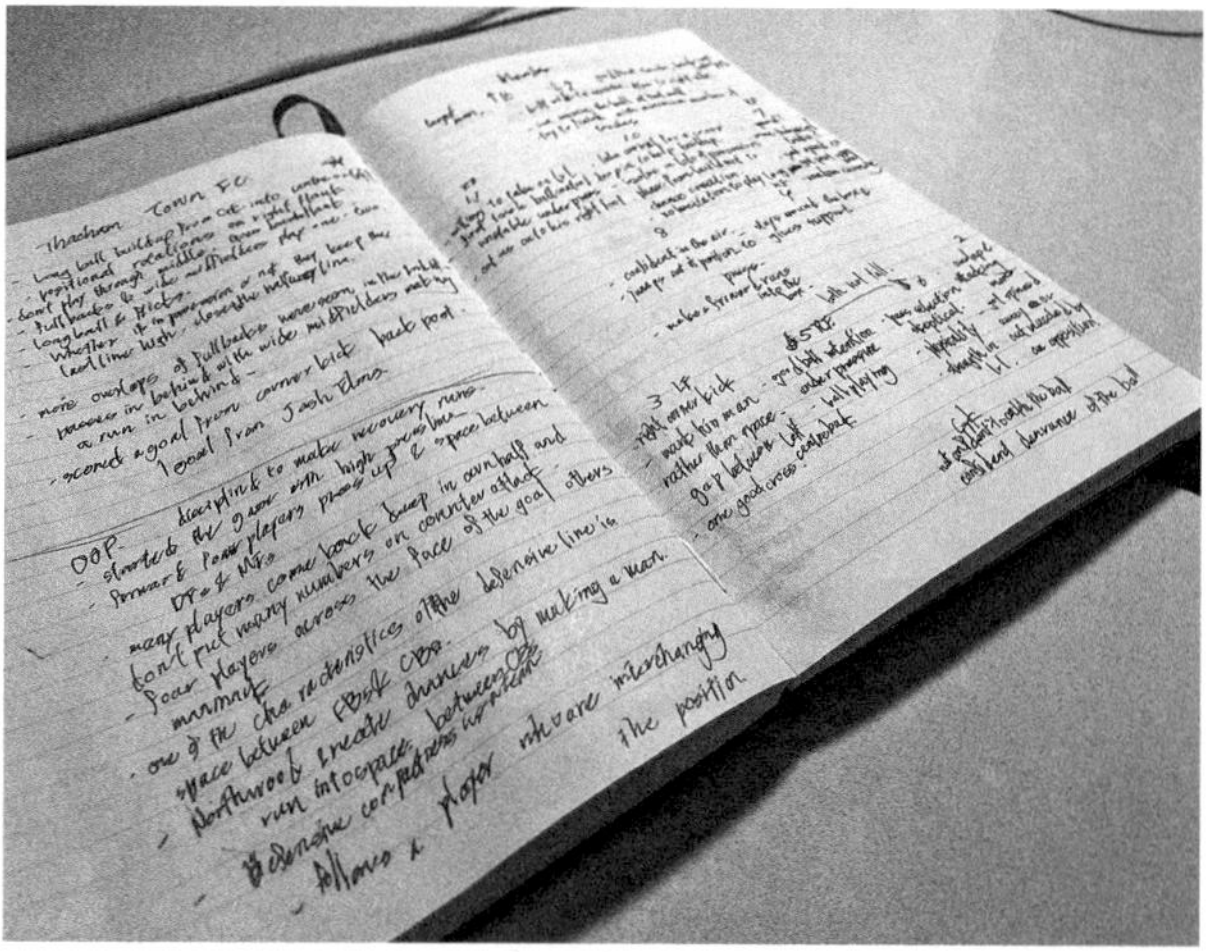

スカウトノート

則だった。またレポートにはフォーマットがあり、チェックする項目もクラブのプレースタイルが反映されている。スピード、パワー、テクニックのレベルを詳細に記述しなければならない場合もあるし、テクニカルインテリジェンス、俗にいうサッカーＩＱの高さをチェックしなくてはならない時もある。

　レポートで大切なことは、そのレポートの読者が求めていることに優先順位をつけて書くことと、情報の選別だろうか。クラブによっては選手に新聞記事の選手評価で見るようなレーティングをつけるだけ、というところもある。レポートの種類も１試合のマッチレビュー、シーズンのパフォーマンスをまとめたもの、データ主体のもの、ビジュアル多めのもの、など複数の種類がある。

　スカウトのメインの業務はと言われたらこの調査、視察、レポートの三つだが、それに付随してやっておくべきことは多々ある。例えば選手のデータベースの構築。自分が見ている選手をリスト化しておき、クラブから求められた時にすぐ情報を提示できるようにしておく。クラブにレポートを送った選手や、推薦しまくったがクラブが獲得を見送った選手などの情報を、一つのプラットフォームにまとめておく。

　それに加えて、判断がすぐにつかない選手の情報もストックする必要がある。スカウトをしていると最もよく出会う選手は良い選手でも良くない選手でもなく、レポートを書くまではいかないが、何かしら特徴がある選手じゃないかと個人的に感じる。そういう選手はクラブにはレポートしないまでも自分のデータベースにキープしておいて、またの機会があれば再びチェックする。こうして集めた情報は貴重で、１シーズンだけでなく、数シーズン通してアップデートしていくことが大切だ。自分で集めた情報は後々価値が出る。

さらにはＣＰＤ（Continuing Professional Development：プロとしての勉強）と言われるスカウトのトレーニングに出席することも求められる。ストークやマザーウェルでもスカウトへの教育は定期的に行われる。内容は移籍や育成の傾向、技術や戦術、フィジカルなど幅広い。去年開催されたプレミアリーグ主催のクラブスカウト向けの勉強会は、いかにまだ開拓されていないエリアを見つけて開拓するかという、非常にスカウト寄りの内容だった。

他にも、代理人と会って関係を構築したり、ＳＮＳに張りついてＵ９の選手がインスタに投稿している（絶対にクラブに許可を取っていないであろう）育成年代の試合映像を見てみたり、ロンドンの知らない文化圏に入ってフットボールのコミュニティがないか探してみたり、他のスポーツのスカウト事情を勉強したりすることもスキルアップの役に立つ。

まずはスカウトの仕事について広く浅く紹介した。まだ紹介できていない業務内容、コツや実態などがあるが、それは後の章でじっくりと話せていけたらと思う。スカウトとはつまるところ「クラブの選手獲得に関する意思決定を助ける」人。そのために必要なことはなんでもすると覚えておいてほしい。

プレミアリーグ主催のスカウト勉強会

コラム サッカー界で出会ったフレーズ①

ここでは少し趣向を変えて、筆者がイングランドで上司、知人、同僚のスカウトから言われた言葉やスカウト活動をする中で出会った言葉をチョイスし、それにまつわるエピソードを紹介していく。こうしたレトリックからもスカウト業界やサッカー界の雰囲気を少しでも感じ取っていただけたらと思う。

“Welcome to football, Yuki.”

「フットボールへようこそ、ユウキ」。皆さんも似たようなセリフ“Welcome to the Premier League.”を聞いたことがあるかもしれない。外国から移籍してきた選手に、イングランド往年のプロが選手を引退させるような強烈なタックルを食らわせて熱狂に包まれるスタジアム、すかさず実況が「プレミアリーグへようこそ」と、まるで自分がタックルを食らわせたかのように言う。そんなシーンに似ている。つまり、「これこそがイングランドのフットボール、ひいてはフットボール界だぞ」と伝える際に使用されるフレーズである。特に業界の厳しさ、楽しさを伝える際に使われることが多い。

実際に筆者がこの言葉を聞いたのは2回ある。

1回目は厳しさ。プロローグにも書いたが、アーセナルのとあるスカウトのもとでインターンすることが決まり、アーセナルアカデミーが本拠地を置くヘイルエンドへ向かう最中にその方の名前を調べると、なんとその日の午前にアーセナルをクビになっていたことがわかった。当然自分がインターンをする約束もその時点で消え去っているわけだが、それが俄《にわか》に信じられずになぜか引き返さず、そのまま2時間かけてヘイルエンドへと向かった。確実にその人がクビになっていることをわかっていながらも少しの希望を胸にクラブハウスへと到着し、当たり前に「その人もういないよ」と守衛さんに告げられたのだった。ショックすぎた姿に同情したのか、当時のアカデミーでチーフスカウトをされていた名前も知らない方に中に招き入れてもらい、色々とアカデミースカウティングの話や資料を見せてもらった。彼はクラブがスカウトを大幅に切り捨てて大変革をしていること、誰もそのことを聞かされていなかったことなどの内情を落胆と驚きに満ちた表情で話し（あちらの人の顔で語る技術にはいつも感嘆させられる）、最後に“Welcome to football.”と言ってオフィスへと戻っていった。

2回目は甘い方。ストーク・シティの仕事が決まったことを当時インターンでお世話になっていたチェルシーのアカデミースカウト陣に伝えたところ、「おおよかったね。フットボールへようこそ、ユウキ」と声をかけてもらった。どちらも記憶によく残っている。

第2章

優れた才能を発掘して獲得するには

[前編]

移籍騒動の水面下で動くスカウト

「マンチェスター・シティのスカウトが三《み》笘《とま》薫《かおる》を視察。今夏移籍か」

この類《たぐ》いの見出しを見たことがないフットボールファンはいない。移籍シーズンが近づいてきたら、もしくは誰かが爆発的な活躍をしたら、必ず目にする見出しである。選手の移籍はこのような「××が△△に興味津々！」的な記事から始まり、最終的にはクラブによる公式の獲得発表まで辿《たど》り着くか、（大半はこちらだが）そのまま噂《うわさ》レベルで消えることになる。

だが、この選手発掘から獲得までの具体的な工程が公開されることは少ない。というわけで、選手発掘から獲得までの手順の詳細に触れてみる。とはいえ移籍の最終段階である交渉や契約締結の部分はメディアで取り上げられることも多く、この段階になるとスカウトというよりも代理人やクラブのダイレクターが主役だ。本書では、そこに行き着く直前までの水面下でスカウトが関わるフェーズに着目したい。前後編の構成で、第2章ではタレントを「発掘する」、第3章ではタレントを「確定する」部分を深掘りしていく。

ちなみに筆者はシティよりもチェルシーで三笘を見てみたいと願っている。三笘と冨安の

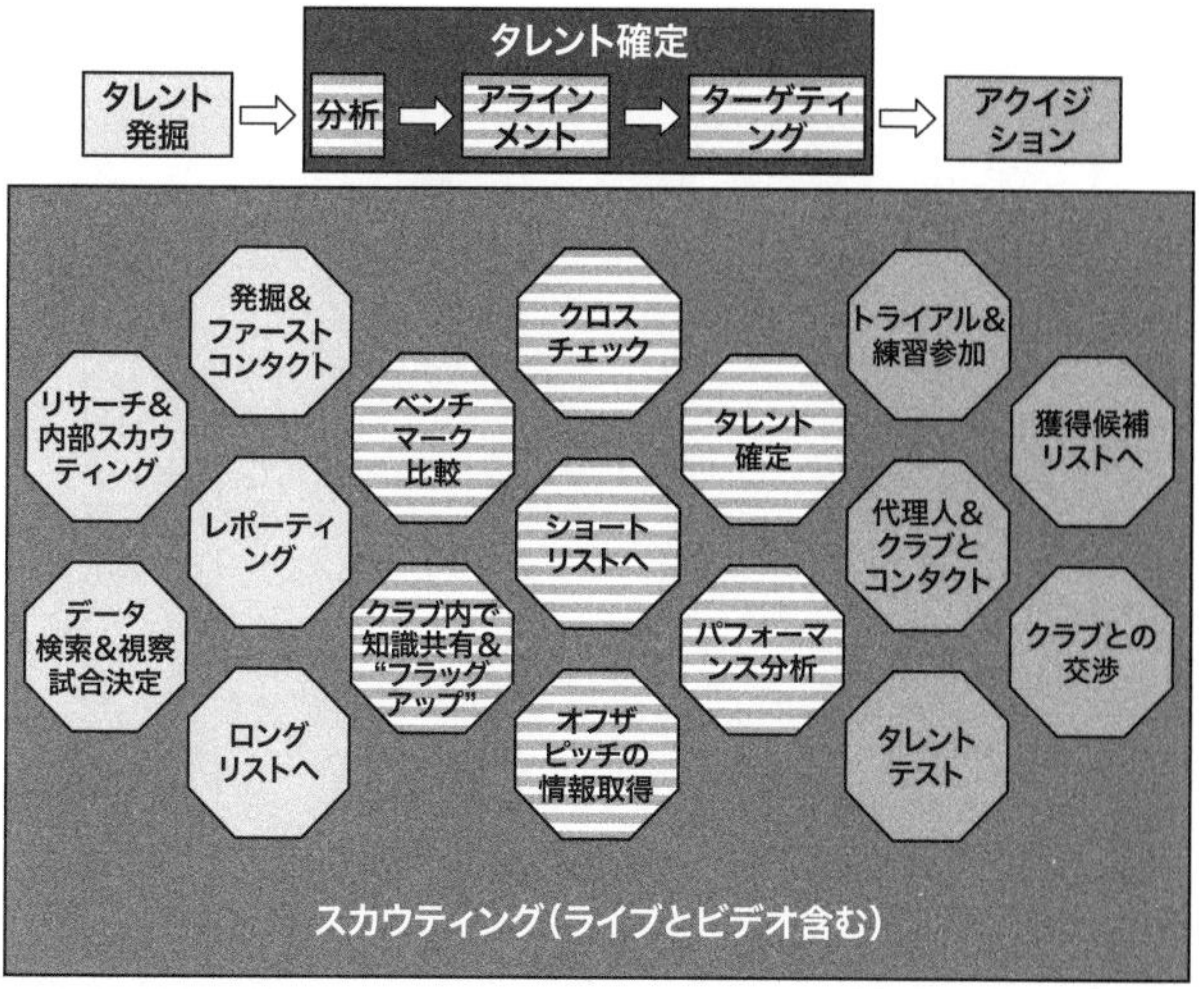

ビッグロンドンダービーでのマッチアップなんて夢じゃない？

スカウティングの全体像

本題に入る前に、そもそもタレントの発掘や勧誘ってスカウティングにおいてどういう位置づけなの？　と思われる方も多い気がするので、スカウティングの全体像をまず紹介したい。選手発掘から獲得までは上の図のようになっている。

複雑に見えるかもしれないが、図の一番上部を見てもらうとシンプルだ。大きく分けてタレントの「発掘」「確定」「アクイジション（獲得）」の三つだけである。クラブに連れてくるタレントを選び、そのタレントが本当にクラブに必要かどうかを分析し、獲得する。各フェーズでの具体的な業務が図の下部にまとまっている。

肝心の試合を視察する行為は全てのフェーズで起きるため、全体を覆うように表してある。大層なプロセスに見えるかもしれないが、前章で書いた通り「あの選手今度フリーだって。プロファイル良さそうだし取ろう」と1週間ぐらいで決まる移籍も当たり前にある（それで結構活躍したりする）。本当に、スカウティングって時間をかけたからといって成功するわけじゃない。だが、成功の可能性を高めるために多くの作業をこなすのだ。

あらゆる手段で選手を探せ

タレント発掘とはその名の通り、タレントを見つけ出すこと。手段に正解はなく、リーグなどが規定するレギュレーションに触れすぎない範囲で、なんでもリソースを使ってよい。新聞に載っている先週のベストイレブンを参考にしてもよいし、ＳＮＳで騒がれている選手を追ってもよい。

「触れすぎない範囲で」と書いたのは、昨今のタレントをめぐる競争において、クリーンすぎるアプローチでは他のクラブに出し抜かれると考え、多少レギュレーションに触れてでも選手の情報を取得しにいくクラブは存在するからだ。例えば、9歳の選手と彼を1人で育てた母親を、閉店後のロンドンはオックスフォードサーカスにあるナイキタウンへ連れて行き、「手にするものなんでも買ってあげるよ」と選手を誘ったり、あるいは親に給料の良い仕事を紹介したりと、結構なんでもあり。悪いのかどうかと言われたら、視点にもよるが、金銭や景品などで選手を誘うことは基本的にはリーグのレギュレーションで禁じられている。

クリーンな方法でいうと、自分の担当クラブの試合へ行き、選手を直接視察する情報取得だ。多くのクラブではシーズン初めに、各スカウトを担当エリアの全クラブに数回送り、一通りの選手情報をさらっておく。スカウトとしても、この方法は実際に間近でパフォーマンスを見ることができるため、選手のパフォーマンス評価に対して自分の中での確信が生まれやすい。

この手法の最大の利点は、移籍の意思決定者に「この選手はどうか？」と聞かれた際に、自信を持って意見を伝えることができる点だ。筆者がスカウトのキャリアを始めた当初、“Say what you see, not what you are told.”（自分が見たものを伝えろ、聞いたことではなく）とよく言われた。まあ他人から聞いた情報でも正確で信憑性《しんぴょうせい》が高く、有益なものも実

baxterphilips.co.uk
For all your commercial property needs
BAXTER PHILIPS
0208 313 9000
BAXTER PHILIPS
www.baxterphilips.co.uk
BAXTER PHILIPS
judge & priestley
SOLICITORS
judge & priestley
SOLICITORS
6
13

5部の試合風景

際多いが、ちゃんと情報のクオリティをチェックしておくのが大切ということだ。落とし穴としては、目で見るスカウティングには常にバイアスや認知のエラーがつきまとうため、必ずしも目に見えて頭に残っていることが正確ではないことに気をつけたい。

　また、他のスカウトから情報を聞く方法も一般的。実はイングランドでは、スカウト間の情報交換がかなり盛んだ。スカウトと聞くと、秘匿《ひとく》主義者で、個人個人で仕事をしている印象をお持ちの方もいるかもしれないが、話しかけてみると案外オープンな方が多い。そして、何より話好きである。「××は△△に移籍するみたいだ。ただ、俺はいいとは全然思わないがね」「俺はあのＭＦ（ミッドフィルダー）とサイドバックを見にきた。サイドバックは良さそうだな。お前はどう思う？」など、情報や意見はオープンにシェアする。

　というのも、スカウト網が張り巡らされているイギリスでは良い選手やタレントというのはバレきっていて、その選手のパフォーマンスの情報だけで獲得が決まることは少ないからだ。実際にその選手を獲得できるかどうかは、クラブの意思決定者に委ねられており、そこには移籍金やクラブの地位、選手のキャリアプランなど、スカウトの手が届かない要素が複合的に影響する。

　そして、代理人と良好な関係を築くことも選手情報の取得に欠かせない。選手を獲得するとなると、現在のクラブでの出場機会、契約を延長するかどうか、選手の移籍に対する興味の有無など、パフォーマンス以外での情報も鍵となる。また、イングランドでは選手がアカデミーから放出される際に、多くのクラブが放出選手を対象としたパフォーマンスレポートを作成する。プレースタイルの分析、試合の映像、フィジカルテストの結果、怪我の履歴などが載っており、信憑性のかなり高いドキュメントだ。こういったものも代理人からシェアしてもらう。

それ以外にも、代理人が契約を結んでいる育成年代の選手を集めて、クラブチームと試合を行う「ショーケースゲーム」と呼ばれるイベントもあり、彼らとつながることで初めてアクセスできる。ショーケースゲームは各エージェンシーがピッチを借りて行うトライアウトだと考えるとわかりやすい。特に育成年代で多く、アカデミーから放出された選手を集めたものやアマチュア出身の選手で構成されたものなど、様々な種類のショーケースゲームが存在する。自分が気になった選手を事前に伝えておけば、その選手に声をかけて試合に呼んでくれることもある。そういった情報を日頃から獲得するのもスカウトの大切な仕事だ。筆者も毎日1時間ぐらいは代理人とのコミュニケーションに割いている。

これらの方法に加え、最近ではソーシャルメディア、スカウティング系のアプリを活用す

移動中も視察は欠かさない

ることも必要だ。筆者自身もエージェンシーや育成年代の選手情報をまとめているアカウントをフォローして、これから世に出てくる選手を探している。特にアカデミーの若い選手は自分の試合映像を切り取って、インスタグラムに積極的に投稿する。アカデミーの映像は基本的にそのクラブの分析官やコーチぐらいしかアクセスするルートを持っていないため、こういった映像は貴重である。それ以外にも選手の誕生日パーティーの投稿から年齢を割り出すことに使っている。レギュレーションに沿って使用すれば、ソーシャルメディアはスカウトの強力な武器だ。

　スカウティング系のアプリで有名なのは、マンチェスター・ユナイテッドのユース出身の人が作ったSkoutedと呼ばれるアプリ。このアプリでは選手自らがポジションや年齢、今までのキャリア、現在の所属クラブをプロフィールに載せ、自らのプレー映像のリンクまでプラットフォーム上にアップすることができる。スカウトが登録すると、データベース上の選手を検索し、その選手にメッセージ機能で直接連絡を取ることができる。アーセナルアカデミーがこのアプリを使用して選手を獲得したことで話題になった。

　以上のように選手の情報を集める手段はいくつもあり、これ以外にも、サッカーファンにはおなじみのサイトであるtransfermarktを使用したり、地方新聞のジャーナリストにコンタクトを取って情報交換したりして、選手情報を集める。

スカウトにとってJリーグはもはやレッドオーシャン

選手情報を取得する業務と同じぐらい大切なのが、見るべきチーム、エリアの特定だ。プレミアリーグやチャンピオンシップのクラブでは、クラブ独自のエリア分析に基づいて、戦略的にリソースを割いている。彼らは過去20年の所属選手、トライアルに参加した選手、リストには載ったが獲得までいかなかった選手、トライアルに参加したのち別のクラブへ加入し活躍した選手など、クラブの移籍に少しでも関わってきた選手がどこのクラブから来ているかのデータを取り、選手ごとにグレードで分け、どこのエリアからレベルの高い選手が出現しているかのデータベースを構築している。

タレントがよく出るエリア、俗にいうホットスポットはマンＵのジェイドン・サンチョ（現ドルトムント）やレスターにいたアデモラ・ルックマン（現アタランタ）などを輩出している南ロンドンが有名だ。２０２０〜２０２１年にＢＢＣで制作された南ロンドンのフットボールシーンを特集したドキュメンタリー“South of the River”（テムズ川の南側）によると、2020年時点でプレミアリーグ所属選手の14%が南ロンドンの出身だそう。

ちなみに最近よく「日本はワールドカップで結果を残したから、これから海外のクラブが注目するんじゃないか？」と聞くが、実は海外クラブが見ているどころか、すでに飽和状態かもしれない。スコットランドのクラブのスカウトと、日本人選手がセルティックで活躍している話になった時、彼に「日本市場は見てないの？」と聞いたら、「もうレッドオーシャン化しているから見てないよ」と言われたこともあった。皆さんが思っている以上に日本は海外スカウトから見られている。

噂の選手はほぼ視察されている

さて、視察についてだが、選手の視察はスカウトにとって日常茶飯事で、幾度となく様々な段階で行われる。そのため、多くの場合は、スカウトを派遣した＝獲得寸前とはならない。例えば、良い選手らしいという噂が立っているからとりあえず見ておくか、という視察もあれば、データやビデオスカウト、複数回のライブスカウトをすでに行っており、獲得の最終判断をするための視察もある。

肌感覚として、人的リソースが整っているプレミアリーグなどのクラブであれば、世間で噂が立つような選手はほぼ視察されている。以前、5部のバーネットを視察した際、フルハムのスカウトが「あの右サイドバックがツイッターで騒がれていたから見にきたよ。悪くはないね」と言っていた。それぐらいカジュアルに視察することもあるのだ。

　視察は特定の選手を見ることが前提の場合、もしくは試合を割り当てられてその中で目立った選手を見る場合の2通りある。スカウトによって試合の見方は様々だが、ここでは筆者の見方を少し紹介したい。まず、その試合中に変わらない情報からメモを取る。例えば背番号や身長、体重が試合中に変化することはまずない。次に、相手からのプレッシャーがない状態でのリラックスした時のクオリティ。その次に、相手からのプレッシャーがある状態でのクオリティ。といった感じで、変数が大きいものは後回しにして、まずは試合中に変動しない情報から確定していく。他にもZOOM-IN&ZOOM-OUTと呼ばれる、個人かそれとも試合全体か、焦点を変えながら試合を観戦する方法もある。

３種類のレポート

次は試合視察後のレポートについて。レポートは大きく分けて三つある。１試合の中でのパフォーマンスを簡単に記載する「スナップショットレポート」と、データやヒートマップなどの定量分析をまとめた「データレポート」、そして１人の選手に対して数試合の視察を基にしたレビューにデータやオフザピッチの情報を加えて制作される包括的な「インサイトレポート」である。データレポートとインサイトレポートに関しては次章で扱うことにして、ここではスナップショットレポートについて説明したい。

　スナップショットレポートはその名前の通り、一つの試合に限った選手の印象やプレーの特徴を簡単に記録しておくものだ。そのためフォーマットもシンプルで、大体どこのクラブも打ち込むだけで完成するフォームやアプリを活用している。１試合で得られる情報は限られているので、スナップショットレポートは複数回の蓄積によって価値が高まる。１試合のスカウトでわかる範囲なんてたかが知れていて、確実に掴める情報といえば名前、顔、身長などすぐには変化しないものぐらいだろうか。このレポートを試合が終わったらすぐに記入

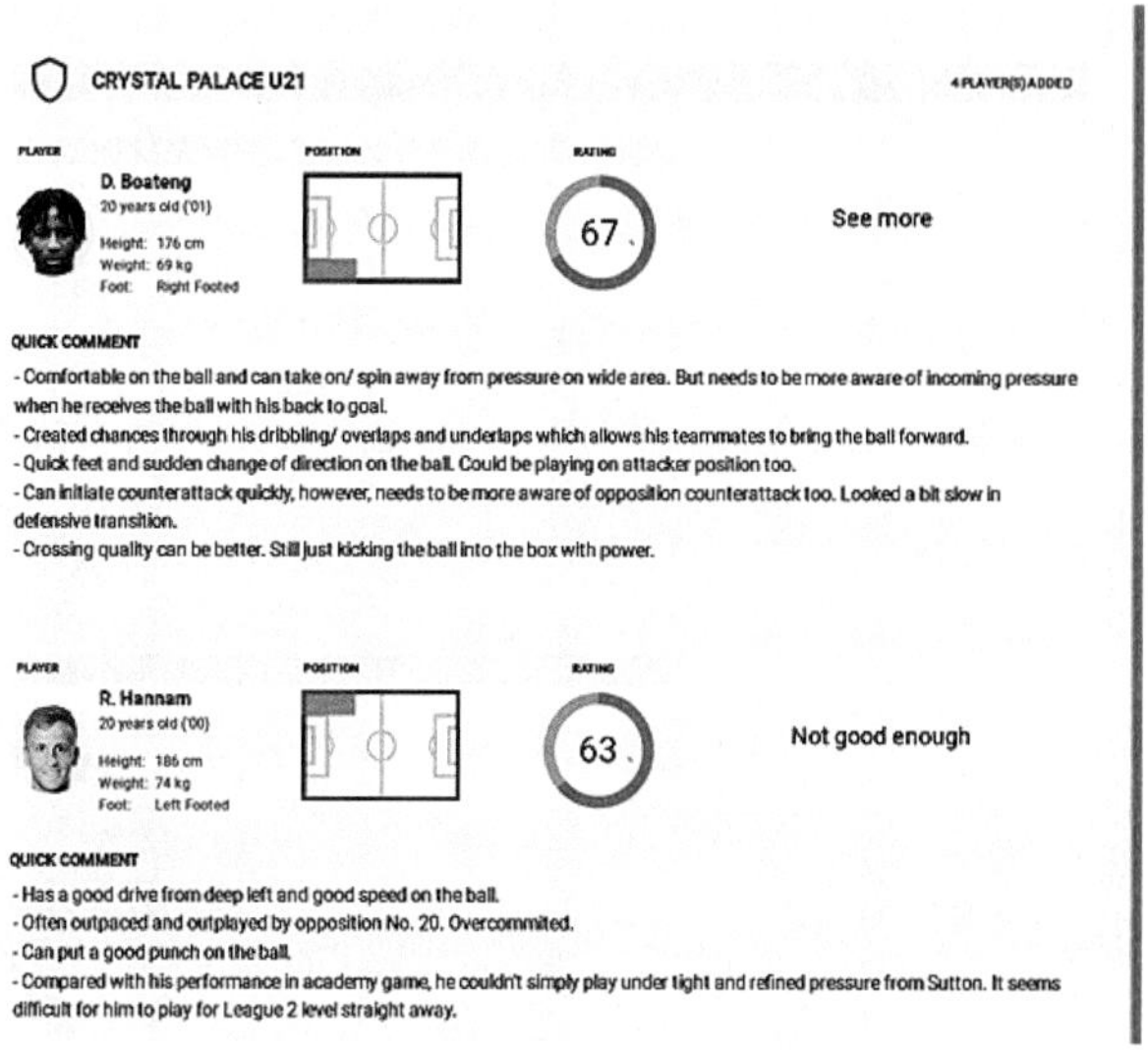

CRYSTAL PALACE U21

4 PLAYER(S) ADDED

PLAYER

D. Boateng
20 years old ('01)

Height: 176 cm
Weight: 69 kg
Foot: Right Footed

POSITION

RATING

67

See more

QUICK COMMENT

- Comfortable on the ball and can take on/ spin away from pressure on wide area. But needs to be more aware of incoming pressure when he receives the ball with his back to goal.
- Created chances through his dribbling/ overlaps and underlaps which allows his teammates to bring the ball forward.
- Quick feet and sudden change of direction on the ball. Could be playing on attacker position too.
- Can initiate counterattack quickly, however, needs to be more aware of opposition counterattack too. Looked a bit slow in defensive transition.
- Crossing quality can be better. Still just kicking the ball into the box with power.

PLAYER

R. Hannam
20 years old ('00)

Height: 186 cm
Weight: 74 kg
Foot: Left Footed

POSITION

RATING

63

Not good enough

QUICK COMMENT

- Has a good drive from deep left and good speed on the ball.
- Often outpaced and outplayed by opposition No. 20. Overcommited.
- Can put a good punch on the ball.
- Compared with his performance in academy game, he couldn't simply play under tight and refined pressure from Sutton. It seems difficult for him to play for League 2 level straight away.

「スナップショットレポート」の一例

し、週明けのミーティングで上司が確認できるようにしておかなければならない。

このレポートは、クラブの保有するロングリストと呼ばれるファイルに保存される。ＦＩＦＡシリーズなどのサッカーゲームをプレイする人ならなじみ深いだろう。キャリアモードでめぼしい選手をキープしておくショートリストに近い。ただショートリストはロングリストから絞った、獲得に近い選手のリストのことだ。ロングリストとはそうではなく、１回でも見た選手をレベルや獲得可能性にかかわらず、とりあえず〝放り込んどく〟リストのことである。

人にもよるが、筆者は１試合を見て両チーム合わせて、大体８選手くらいのレポートを送っている。スカウトによってはチーム全員のレポートを挙げることもあり、レポートの量は決められていない。クラブによっては最低４人以上挙げなくてはならないなどのルールがあるものの、めぼしい選手がいなければ全く挙げないこともある。年間を通して数十名のスカウトがロングリストに選手を入れていくため、最終的には２０００〜３０００人の選手がリストに載ることがある。このロングリストが年代別やリーグ別に作成されており、データベースの基礎となるのだ。

以上が選手移籍の第一フェーズ、タレント発掘である。簡単にいうと、無限に存在する選手から徐々に徐々に５００～１０００人程度に絞り込んでいく作業だ。次章ではこの続きの、まだまだ果てしない数いる選手たちから獲得候補に絞るまでのフェーズと、絞った後のフェーズについて解説していく。

コラム

サッカー界で出会ったフレーズ②

“Scouting is like drawing a map.”

「スカウティングは手書きの地図を作るようなもの」。

選手に対する評価は柔軟に変えて良い。これをスカウト以外の知り合いに伝えると驚かれる。しかし、事実である。最初の視察の評価と2回目の視察評価が天と地ほど変わることもある。

筆者は“Say what you see, not what you are told.”（自分が見たことを伝えろ。誰かに聞いたことではなく）がスカウトのレポーティングの大原則だと教えられた。正確には、口伝えの噂が真実であることも多く、それを記録しておいても構わないし、その噂がモチベーションとなりどこかの試合を見に行くこともある。ただし、肝心の目の前でプレーしている選手の評価は自分が見たことをレポートしろということだ。

スカウトの仕事において、自分の意見を変える能力は必須だと考える。もちろん、積極的にコミュニケーションを縦横で取り合えて、意見を発信することに精神的なリスクのない職場であれば良いのだが、必ずしもそうではなく、実際に自分が最初に打ち出した意見を変えることには非常にストレスがかかる。最初に「この子いいですよ！」と言った子がその後下火になっても、「いい選手ですよ！」と言ってしまうことが多い。筆者もよく経験する。もちろん1試合単位で意見をコロコロ変えるのは早いと思うが、1人の選手を1年間追っていると、考えは二転三転するものだと思う。その都度、修正して自分の意見をアップデートする力が必要ということだ。試合を見るたびに選手は違う一面を見せる。新しく生まれる側面によってそれまでの評価がガラッと変わることもある。試合で得られる情報を少しずつ積み重ねることでその選手の輪郭が見えてくる。初見における自分の直感的評価も大切だが、それと同じくらい、試合を重ねて見えてくる姿に応じて意見を変えることも必要だ。“Be factual to the game.”（ゲームに忠実であること）が求められる。

全ての選手は一直線に右肩上がりで成長するわけではなく、上下に揺れる成長線を描きながら歳を重ねていく。タレントの成長線は直線でも規則性のある曲線でもなく、予測不可能な変動をする。それゆえ、数週間で評価が二転三転する選手だっている。自分が最初に抱いた選手の印象に囚われずに、タイムラインのポイントごとに評価をオープンに行うことが必要だと今でも思う。

第3章

優れた才能を発掘して獲得するには

［後編］

2000万円のお買い物

想像してみてほしい。もしあなたが2000万円の商品を自分で購入するとなったら、購入前にその商品についてどのくらいチェックするだろうか？　商品レビューを読んだり、お店ごとの販売価格を比べたり、付随する補償やサービスを調べたり、お金の支払い方法についても考えたりするだろう。

もしくは、「これは将来価値が上がるだろうから多少奮発してでも購入しよう」と投資の視点で商品を厳選するかもしれないし、「あと2ヶ月待ったら新しいバージョンが出るらしいから待っておこう」と購入時期を変えるかもしれない。他にも、商品のデザインが自分たちの持つ家具と合わないだとか、買ったとしても家までの移動が大変だとか、とにかく購入前に商品の情報を多角的に集めて、最終決定するための判断材料を揃えていくはずだ。

実は我々スカウトも似たようなことをする。現実にイングランドのマーケットではもはや選手を「高額商品」と認識して取引が行われている。そこでは常に値札、価格変動、リセールプライスなどの話が結びつく。筆者が担当している18歳あたりで将来有望な選手は、安く

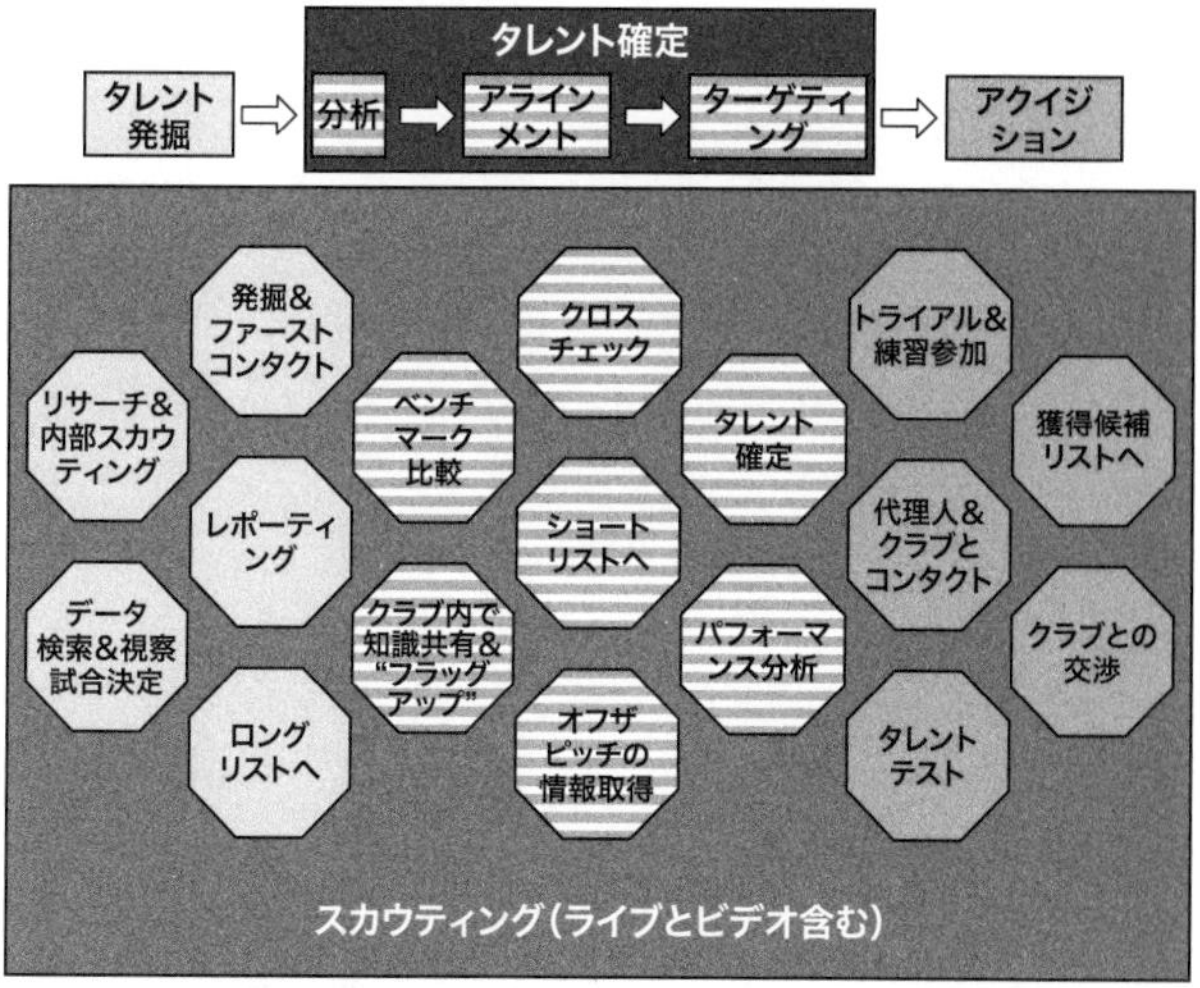

ても２０００万円から４０００万円ぐらいする〝商品〟だ。これだけのお金が動く〝お買い物〟をする時にスカウトがどのような情報を集め、何を判断材料とし、選手を選別するか。それがこの章のメインテーマだ。

　おさらいのために、前章でお見せしたスカウトのワークフローを示す表をもう一度載せる。この章ではタレント確定から獲得までがメインテーマだ。タレント確定とは移籍の最終判断を下すための判断材料を集め、整理し、クラブのコンテクスト（文脈）に沿った形で意思決定者に提供する作業である。

　まず、一度視察を終えた選手は、レポートとともにロングリストと言われるクラブが保有するデータベースへと、情報が保管されていく。保管時には各選手に「グレード」がつけられる。グレードとは選手のレベル、能力値のことだ。ＦＩＦＡやウイイレなどのサッカーゲームをプレイした方なら誰もが「メッシ-99、ロナウド-96」といった選手レーティングの数値を見たことがあるだろう。それに近い。違いは、実際のスカウトだと各点数に明確な意味を持たせているところだ。例えば「5＝即獲得すべきタレント」「4＝すぐに再度視察するべき」「3＝将来のタレント。長期視察の対象」など、その選手に対する次のアクションプランを点数に付随させる。クラブによってグレードの方法は変わるが、今まで筆者が働いたクラブではシンプルに5段階に分けている場合が多かった。「ジョン・ミッチェル-4-すぐに再度視察が必要」といった感じだ。

ちなみに、サッカーゲーム「ＦＩＦＡ」のスカウティングもしっかりした手順で選手のレーティングを行っていることは、元データエディターとして少しだけ強調したい（選手は自分の点数に不満らしいが）。

このグレードが高い選手＝獲得必要性が高い選手はクラブ内で「フラッグアップ」される。フラッグアップはスカウト間で頻繁に使用される言葉で、「目星をつける」ことを主に意味する。例えば、“Kevin is flagged up by one of our scouts in Manchester.”（ケビンはマンチェスターにいるスカウトに目星をつけられた）というフレーズが出ると、スカウト副部長や部長がクラブの他のスカウトにケビンをチェックするように伝える。

どのような選手がフラッグアップされるかというと、自分たちよりも下のリーグでオーバーパフォーム（突出したパフォーマンスを残していること）しているか、逆に自分たちよりも上のリーグでアンダーパフォームしている選手が多い。例を出すと、５部で活躍して２部のレスターに引き抜かれたジェイミー・ヴァーディや、１部のクリスタル・パレスに移籍する前に弱冠20歳で２部のディフェンダーをきりきりまいにさせていたエベレチ・エゼはオーバーパフォーム組。自分が所属するチームよりも上のカテゴリーのチームに引き抜かれたケースだ。一方、プレミアリーグのクラブに所属しているが試合に出ることができない若手や、ベテランで所属リーグを落としてもプレーを続けたい選手などはアンダーパフォーム組とカテゴライズされることが多い。

クロスチェックが必要な理由

フラッグアップされた選手は次に、クロスチェックと呼ばれるプロセスに入る。複数のスカウトで１人の同じ選手のパフォーマンスを複数回チェックする工程のことである。最近の

クリスタル・パレスのスタジアム外壁

研究では、経験豊富なＵＥＦＡ‐Ａのライセンスを持つコーチでさえ、１試合の中で起きたキーイベントの60％ほどしか正確に記憶していないというテスト結果が明らかにされている。１人の人間の視覚・認知力はそれぐらい脆《もろ》い。

また１人のスカウトが同じ選手を５回、６回と複数回チェックすると、そのスカウトのバイアスや見る時の癖が選手評価に色濃く反映され、本来見るべき部分とは違う部分を見てしまい、偏ったレポートが作成されるといったケースも起こりうる。そうすると、スカウティングが選手のパフォーマンスを正確に測れているか、もしくはクラブの基準に沿って選手を見られているかなどの精度が低くなる。これを解消するためにクロスチェックを行い、主観的なスカウティングの信頼性と関連性を上げる必要がある。主観で行われる視察を、評価を下すスカウトの人数を増やすことによって多角的なものにして、評価の客観性を高めるという戦略だ。

クロスチェックを行う場合、リーグ戦だけでなく、代表戦、カップ戦、練習試合を見ることはもちろん、天候やピッチ状況、プレーするチームメイト、試合の重要度（例：ダービーなどの大一番）、開催地（ホーム／アウェイ）、相手のフォーメーションやプレースタイルなど、環境にバラエティを持たせることによって、当該選手のプレーの〝幅〟を見る。フラッ

リモートスカウティングの様子

グアップされた選手のプレーがそれぞれの状況でどのように変わるのかを見るのだ。スカウトのレポートには必ずこの外的要因について書く。ちなみに「あの選手、クラブでプレーする時も、代表の時ぐらい活躍してくれたらな～」となるのは外的要因が主な原因だ。

一方で、状況が変わっても質を落とさない選手もいる。例えば、ジョルジョ・ワイナルダムはリバプールでボールウィナーとしてエネルギッシュな8番のポジションでプレーしたが、オランダ代表として出場したユーロ（欧州選手権）２０２０ではプレーメイカー、シャドーストライカーとして10番ポジションを難なくこなしていた。他にも、攻撃的サイドバックは、相手がフォーバックの時と、スリーバック＋高いウイングバックの時では攻撃参加の仕方、ボールのもらい方、守備へ戻る頻度が大きく変化する。

スカウトがクロスチェックを任されると、クラブから事前に選手の情報を与えられる。「この選手の情報がクラブで上がってきているから見てくれ」ということだ。ただ、与えられる情報はあくまで名前や所属クラブ、ポジション、現在のトライアルや契約の状況がメインであり、パフォーマンスについては最低限しか教えてくれない。これは次に該当選手を視察するスカウトが、他のスカウトの意見に左右されないようにするためである。ちなみに多くのクラブで、スカウト同士ではレポートやデータベースの情報は交換できないようにシステムが構築されている。

とはいえ、イングランドのスカウトは自分の目に絶対的な自信がある人が多いようで、他人の意見に対して「俺はそうは思わない」と言う人が非常に多く、便乗しているスカウトにはあまり会ったことがない。基本的にみんな言いたいことを言う。あくまで相手に対してのマナーとリスペクトがあっての話だが。ＦＡ（イングランドサッカー協会）が主催するスカウトライセンス講習会でレスターのスカウトがマンチェスター・シティのスカウトに面と向かって「ジョン・ストーンズほど出来の悪いセンターバックは見たことがない。あんな奴を獲るとは驚いた」と言って、シティのスカウトがそれを余裕で流す一幕もあった。being assertive（はっきりものを言う）とbeing rude（失礼）の境界線は薄いので気をつけなければならない。

クロスチェックが複数回行われた選手は最終的なグレードがつけられる。各スカウトが下した評定を平均したものが最終的なグレードとなり、その点数の大小によって、ロンググリストからショートリストへと移行するかどうかが決められる。各スカウトの評定平均のため、最初の数試合だけ爆発的に活躍しても、その後数ヶ月音沙汰がなくなるとショートリストには入らない。

クロスチェックでは選手のチェックと同時並行で、ちゃっかりスカウトの動向もチェックされる。誰がどのくらいその選手を視察しているのか？　どのような評価を下しているのか？　いつの時期に視察しているのか？　など、スカウトも評価対象になるのだ。あるクラブでは、どのスカウトが最初に推薦した選手がその後高い平均評定を出しているかを記録して、スカウト側の評価に使用している。また、どのスカウトが選手の将来性を予測する精度が高いのか、どのポジションでは自分たちは正確に選手のパフォーマンスを予測できるのか、過去にクロスチェックを経て、「今後追う必要なし」と判断した選手がその後違うクラブで活躍した場合、なぜ自分たちは獲得しないという決断に至ったのか、なぜ現在活躍できているのか、なども調査する。

「ドシエ」には何が記されるか

ショートリスト入りした選手はその後もスカウトによる視察が続行されるが、ここからはそれに加えてパフォーマンスデータや、オフザピッチの情報をまとめたフルパッケージのスカウトレポートが作成される。このフルパッケージのスカウトレポートはドシエ（Dossier）

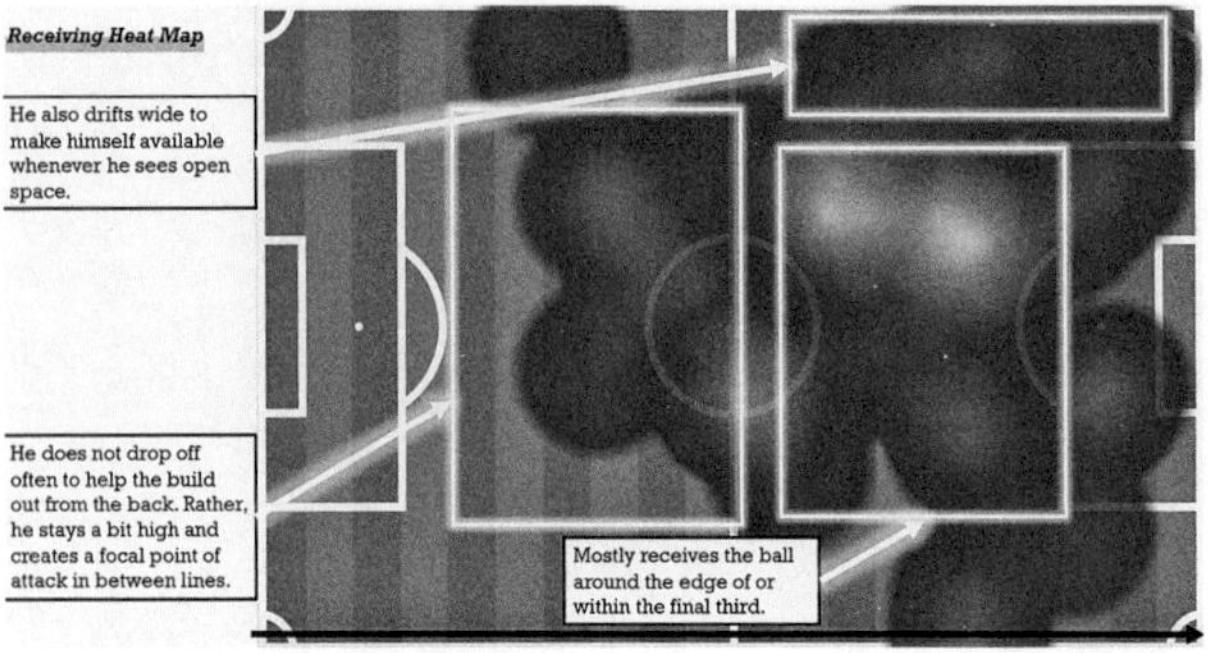

データビジュアライゼーションの一例

と呼ばれることがある。日本語ではなじみがないかもしれないが、書類一式と訳すことができるらしい。このフェーズではまさしくターゲットにしている選手の情報一式を集めることが主な業務となる。

ドシエにまず欠かせないのがパフォーマンスの定性、定量分析をまとめたレポート。今までの視察で洗い出した選手の強み、弱み、癖や身体的特徴、試合の各局面での影響力や関わり度合いなどを、クラブのＫＰＩに沿った形でまとめる。

ちなみにこのフェーズで選手の詳細分析や情報をまとめたり、映像やデータを編集したりする人材をリクルートメントアナリスト（雇用分析官）と呼ぶが、このポジションはスカウトの世界でも比較的若い人材が入っていきやすい場所である。なぜなら、このポジションに求められるものは従来のスカウトが武器にする人脈の強さ（もちろんこれも大切）やスカウトとしての実績よりも、ＩＴやＡＩを巧みに操る能力であるからだ。近年、このポジションを目指す若者がイングランドでは非常に多い。プログラミング言語のPythonを使用したデータビジュアライゼーション、エクセルの関数を使用した数的分析、基礎となるデータの収集など、パソコンをうまく使いこなせる人材であれば、ポジションを掴むチャンスは多いだろう。

ドシエの内容に話を戻すと、試合中にどのように感情をコントロールするか、どのように感情がパフォーマンスに現れるか、その選手の性格なども分析する。「この選手は勇敢だ」と評価をするのであれば、なぜ彼が勇敢かを述べる必要がある。例えば「自分よりも体が大きな選手とのフィジカルのぶつかり合いにも積極的に突っ込んで勝つ」や、「チームがビハインドで格上との試合でも積極的にボールを呼び込んで状況を変えようとする姿勢がある」といった具合だ。冷静さであれば、相手に囲まれてボールを持っている状態でパニックにならないことや、試合終盤の疲れた時に相手に荒めのタックルを食らっても落ち着いているなどとレポートには書くだろう。このように選手の感情やパーソナリティ＋それがピッチでどのように出るかをセットで書く。

ただ、この感情やパーソナリティの側面をどこまで正確に判断できているかは正直よくわ

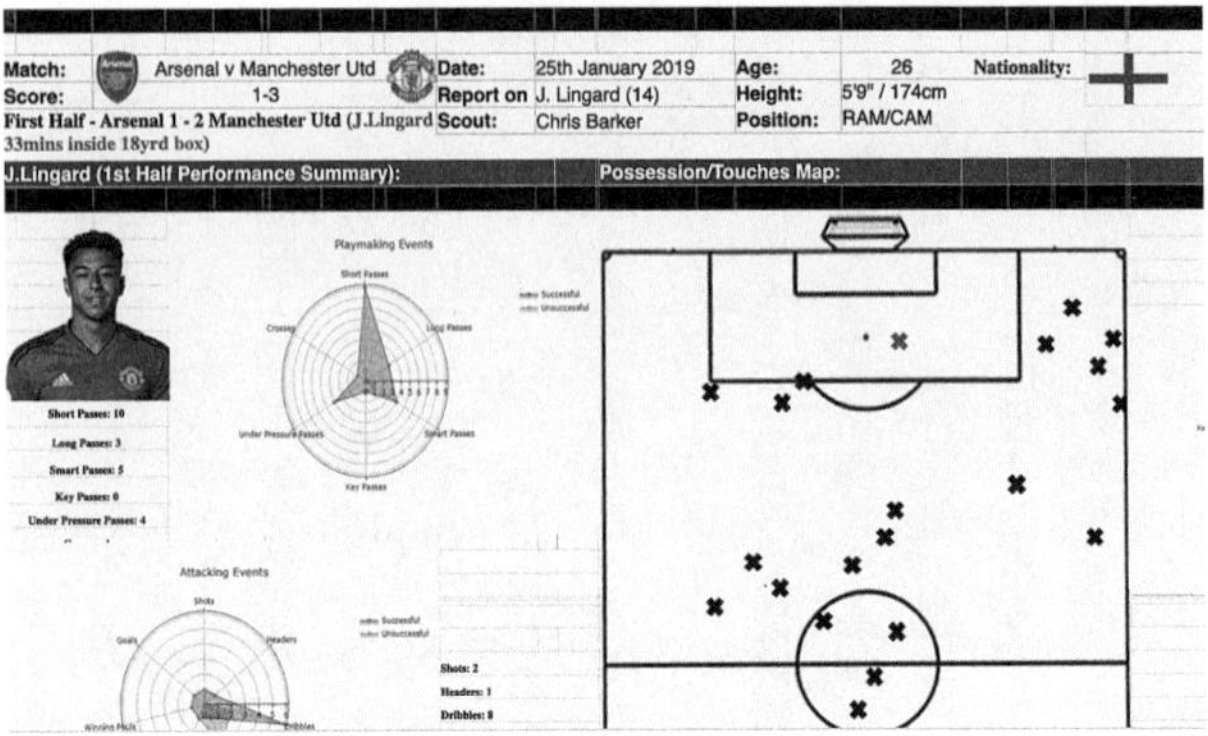

ドシエ（Dossier）の一例

からない。今のところ、この領域に関してデータを使用しているクラブを筆者は聞いたことがない。どのクラブでも選手の周辺人物から話を聞くか、ピッチ上でのイメージで判断を下している。しかし、相手に囲まれているのにパニックにならないのはテクニックに自信があるからでは？　とも思えるし、そもそも90分の試合を数回見ただけでその選手の性格がわかるのか？　など、ツッコミどころが山ほどあるのが現状だ。

　また人間には様々な面があり、ピッチ上や外向きの顔はめちゃくちゃ良いのにクラブとしては扱いづらい選手もいるし、逆にピッチ上では荒くれ者のように振る舞っているがオフの時はとてつもなく紳士な選手も存在するため、人間の印象というのはどこを軸に評価すればよいのかが難しい。

なんだか話が難しくなりそうなのでこれくらいにしておく。とにかく、この分野はまだまだ開拓する余地が残っている。

冒頭のお買い物の例を再び持ち出すと、「良さそうな商品なのになんでこんなに安いのだろう？」「なんでこんなに売れ残っているのだろう？」と思うことはないだろうか。タレント確定のプロセスでは、このような、意思決定者が選手に関する「あれ？」と感じる部分を解消することも行う。

例を出すと、以前日本人選手の調査を頼まれた際に「この選手はＪ１で少し試合に出て、得点を決めることができているのに、なぜ今年からＪ２ではなく、Ｊ３にレンタルで出されているのか？　何か変なことをしたのか？」と聞かれたことがあった。調べてみるとそのＪ３クラブの監督が彼の大学時代の恩師であったことが判明した。そのつながりでレンタルに出されていたのだ。また、フルハムＵ21で圧倒的なパフォーマンスを披露していたサイドバックをどこのクラブも獲得しようとしないので、経歴を調査してみると、靭帯《じんたい》系の怪我をすでに３度経験しているとわかったこともあった。このように、良すぎる話の裏側や直感的な「あれ？」に関する情報も、しっかりドシエに入れておく。

他には、選手とその家族は英語を話せるかどうか、子供がいるならインターナショナルスクールは近くにあるのか、代理人はどういった条件を現在提示してきているのか、トレーニングコンペンセーション（育成元のクラブに払う補償金）はいくらくらいになるのか、といったオフザピッチの内容も入れる。そして、現在のチームで重宝されている選手なのか、新しい活躍の場所を求めているのか、今よりもステップアップしたいのか、などのキャリアの進退に関わることも含めてドシエは出来上がりとなる。

獲得まで至るのは３００人に１人

ドシエがまとまると、移籍の意思決定権を持っている人がこれらの情報に目を通し、誰が最もクラブに必要な選手なのか、そして獲得可能性が高い選手なのかを見極める。意思決定者は条件に当てはまる選手をショートリストから獲得リストへと移し、移籍の最終段階に入る。この時点でフリー（無所属）の選手は練習参加に呼び、実際のチームの中でのパフォーマンスを見極めることもある。

以上が移籍直前までのスカウトが関わる部分だ。裏の部分を少し話すと、残念ながらここまでスカウトが情報を収集しても、意思決定者がノーと言えば、ノーだ。10人が１００回見て1000枚のレポートを書いても、意思決定者が「知り合いの代理人から面白い選手の情報が入ったからそっち取るわ！」と言われたらそれまでである。また、1シーズンに3000人分のレポートがスカウトから上がってくるが、その中から獲得まで至る選手は感覚的に10人に満たない。意思決定者の preferred source（個人的に頼りにしている情報のツテ）から獲得した選手が多いこともザラにある。

コラム サッカー界で出会ったフレーズ③

“Football age is like dog age.”

一般社団法人ペットフード協会の全国犬猫飼育実態調査（2021年）によると、日本で飼育されている犬の平均寿命は14・65歳だそうだ。日本人の平均寿命が83歳だとして、およそ6倍の速さで年をとる。プロフットボールプレイヤーにもこれに近しい寿命感がある。40年、50年もプロとしてプレーする選手はおらず、そのほとんどが10年以内にプロ選手としての寿命を迎える。したがって、プロ選手の1年という時間は我々が思っているよりも長く、とてつもなく貴重である。

スカウトをやっていると、この業界は年齢に対するこだわりが非常に強いことがわかる。なぜなら選手の年齢がわずかに変わるだけで、その選手が持つ将来のポテンシャルやクラブでの残り時間に大きな影響を及ぼすからである。特に15歳から21歳の選手をスカウトする際に、「もしこの選手が18歳だったら」と考えてしまうことは数えきれないほどあった。外見上はたった1歳の違いにすぎないかもしれないが、その1歳が選手の将来にとって決定的な違いを生むからだ。

年齢にこだわるもう一つの理由は、選手が評価・獲得されるサイクルと求められる成長スピードが早いからだ。18歳でU18イングランド代表の左サイドバックでプレーする選手がいるとして、彼が評価されるのは今のレベルで「18歳だから」という側面がある。一つ上の19歳の年齢層を見ると、彼と同等の選手は10～20人いる。だが18歳の層ではほぼいない。だからすごい。こんなロジックだ。

ただし、そんな彼も18歳で成長を止めれば来年には消えてしまう。イングランドでは基本的に、選手の年齢が上がるにつれてスカウトできる範囲が広くなる。18歳になると国内だけでなく、世界中からクラブは選手を獲得できる。アジアからも選手を取れる。年齢が上がるにつれライバルがどんどん増えていくのだ。19歳の時点で神童とされていた選手が少し成長を止めただけで、20歳ではただのスタメンレベルになることも珍しくない。落ちることなく、その年齢層でトップを走り続けなければならない。

しかしそんな選手は数少ない。怪我もあればクラブ内の政治もある。それらに巻き込まれながらトップで活躍するにはもはや自分の力だけでは乗り切れず、強運も必要となる。今は選手獲得ルートが増えていることにより、主役が入れ替わるスピードもとてつもなく早く、1年ではなく数ヶ月、数週間で選手のヒエラルキーは変わっていく。

「フットボールプレイヤーの年齢は犬の年齢のようなもの」。

この言葉はそうした熾烈《しれつ》な競争社会を物語っている。

第4章

「データスカウティング」の現在地

［前編］

テクノロジーをめぐる議論は「最大限活用する」フェーズへ

近年では、DAZNをはじめとした様々なメディアで、テクノロジーを使用して取得した選手のパフォーマンス情報を目にすることが珍しくなくなった。それもポゼッション率やパスの平均成功数といったシンプルな数値だけではなく、xG（Expected Goal：ゴール期待値）やxT（Expected Threat：プレー貢献度）などのアドバンストメトリクスと呼ばれる、より込み入ったデータなどにも触れる機会が増えている。

データの複雑さや正確さは日々進化を遂げており、10年前は一部のクラブ関係者しかアクセスできなかった情報が、今ではファンの方たちもスマホ片手に検索できるようになった。スカウトの業界では、データの使い道や問題点、どのようにスカウトの業務サイクルに適合させるかなど、テクノロジーとの関わり方や活用事例、折り合いのつけ方にもスポットライトが当たるようになった。肌感覚として、「テクノロジーを使用するべきか、しないべきか」という0か100かの議論はイングランドではほぼなくなり、今は「最大限活用するためにはどうすればよいか」へと議論が移ってきている。

というわけで、スカウトとデータの関係を解説したい。このテーマも前編と後編に分けて、前編にあたる第4章はテクノロジーの使い道や集めるデータの種類、データの選び方や収集方法、利点について話し、続く第5章ではテクノロジーの問題点、使用する際に気をつけるべきことについて話す。

選手のフィルタリングに使うデータとは

まず、データの使用例だが、数え出すとキリがない。スカウティングの全ての工程——選手の発掘から確定、獲得まで——で、我々スカウトはデータを使用している。先述したxGやパス成功率など選手のパフォーマンスを説明するデータを参考に意思決定することもあれば、スカウトの活動履歴や選手のレポートなどの業務効率を改善するために使用することもある。他にもベンチマーキング、フィルタリング、トレンドや特徴の発見、シミュレーション、ディスカバリー、将来のリセールプライス計算、ROI算出、GBPポイント、親和性のチェックなど挙げると尽きない。今回はそんな中から選んだほんの一部を紹介する。

まず、選手発掘の場面では、選手のフィルタリングに使用する。あるデータプロバイダー

（データをクラブに提供する民間の会社）によると、欧州5大リーグのいずれかでプレーできるパフォーマンスレベルの選手（現有戦力のプラスになる存在）は5大リーグ外におよそ１万１０００人いるとされ、全世界４４１のチームに散らばっていると計算される。欧州5大リーグに現在所属する選手だけでも数千人存在するため、それらを合わせた膨大な数の選手たちを人力のライブスカウトでカバーし、リストを作成することは不可能に近い。ここで、データの出番となる。

まずはターゲットにする国を指定するわけだが、便利なことに、現在のパフォーマンスデータや過去の移籍の成功／失敗例、輩出選手からリーグのレベルまでを考慮に入れてランクづけを行い、「あなたのチームを強化できる選手はここと、ここのリーグに所属していますよ」といったことをスカウトに教えるサービスがある。同じ国のリーグでも1位と最下位ではレベルにかなり差があるが、それでもある程度の範囲を指定してくれるため、フィルタリングとして非常に助かる。

またリーグのレベルのみではなく、探している選手と同じ特徴を持つ選手が多いリーグをデータによって検索することも可能だ。例えば、ボールを持った時にパスよりもドリブルで前進させるタイプのセンターバックを探している場合、ブンデスリーガよりも、実はフランスのリーグアンを見た方が選手を見つけやすい。このように、各国のリーグがどういったプレーの特徴を持った選手を輩出しているかも、フィルターとして大きな役割を果たす。

国を指定した次は、その国内の選手をフィルタリングする。メディアでは多くの場合、データ活用といえばパフォーマンスのデータでフィルターをかけているように書かれるが、実は違う。まずはもっと基本的な情報が優先される。具体的には年齢や国籍、プレー時間、推定移籍金、ポジションといったデータで選手数を絞る。なぜなら、どれだけパフォーマンスの数値が高くても、クラブの給与基準から外れていたらお金を払えないし、年齢が30歳だとクラブは獲得を渋るからだ。筆者の体験を通じても、パフォーマンスの数値の高低で選手獲得の提案を断られたことはほぼないが、「あの選手は先月契約延長にサインをしたばかりだ」とか「ビザのポイントが足りない」「推定給料が高すぎる」といった理由で獲得見送りになったことは多々ある。こうした、クラブにとって取引そのものが難しくなる要素の有無から絞る方が効率的なのだ。また、イギリスのクラブに限っていうと、イギリスは選手の労働ビザの基準も厳しいため、各選手のGBEポイントと呼ばれるイギリス国内でプロスポーツ活動をするための数値も調べる必要がある。これもフィルターの一つだ。

さらに各クラブで移籍の基本方針が決まっており、例えば「フリートランスファーで25歳以下の、今期70％以上の試合に出場している国内の選手がメイン」などの前提がどこのクラブにもある。「よさそうな選手を自由に探していいよ」といった獲得戦略を現実的に実行できるのは、一握りのビッグクラブのみである。メディアで大々的に発表されるような、当たり前に移籍金を払って選手を獲得するといった獲得戦略は、サッカー界全体で見ればほんの一部であり、多くはフリートランスファー、もしくは少額の移籍金を払っての獲得が多い。ちなみに一番ポピュラーな戦略は「better, cheaper, younger」である。つまり、現有戦力よりも良い（better）、安い（cheaper）、そして若い（younger）ことを基準にして、選手をフィルターにかけるのだ。

実際に、とあるデータプロバイダーのサービスを使用して「英2部所属の左サイドバック＋25歳以下＋今期最低20試合以上出場＋イギリスパスポート所有」でフィルターをかけてみる。すると、その時点で候補は482人から14人に絞られる。これに契約の残りが1年以内という条件を加えると、もう3人しか残らない。これを英2部から英4部まで拡大しても20人にも満たない。見るべき選手を絞ってくれるという点で、データは非常に役立つ。

パフォーマンスをデータで測る方法

そこからパフォーマンスに関するデータを参考に選手を絞っていくわけだが、これは前章で取り上げたスカウトのクロスチェックの評定＋データのコンビネーションで行う。この章ではデータの側について触れる。

データを効率的に使うためにはまず何より、クラブが求める各ポジションのプロファイルが必要である。例を出すと、「センターバックは身長が185㎝以上、空中戦と対人に強く、シュートブロックができる。ボールを持っている時にはラインブレイクするパスと持ち運びができる」などだ。次に、この質的な情報とイベントデータをペアリングさせる。例えば対人の強さは「90分あたりの自陣1対1の勝率」「50‐50ボールの勝率」などの数値に置き換えるわけだ。この手順でクラブが思い描く選手像を基に、選手のデータプロファイルのフォーマットをポジションごとに作成する。これらの各ポジションに必要なデータの項目はパフォーマンスインディケーターと呼ばれ、ポジションごとに大体10個ぐらい存在する。今ではツイッターでも多くのデータビズ（ビジュアライゼーション）がタイムラインに流れてくる

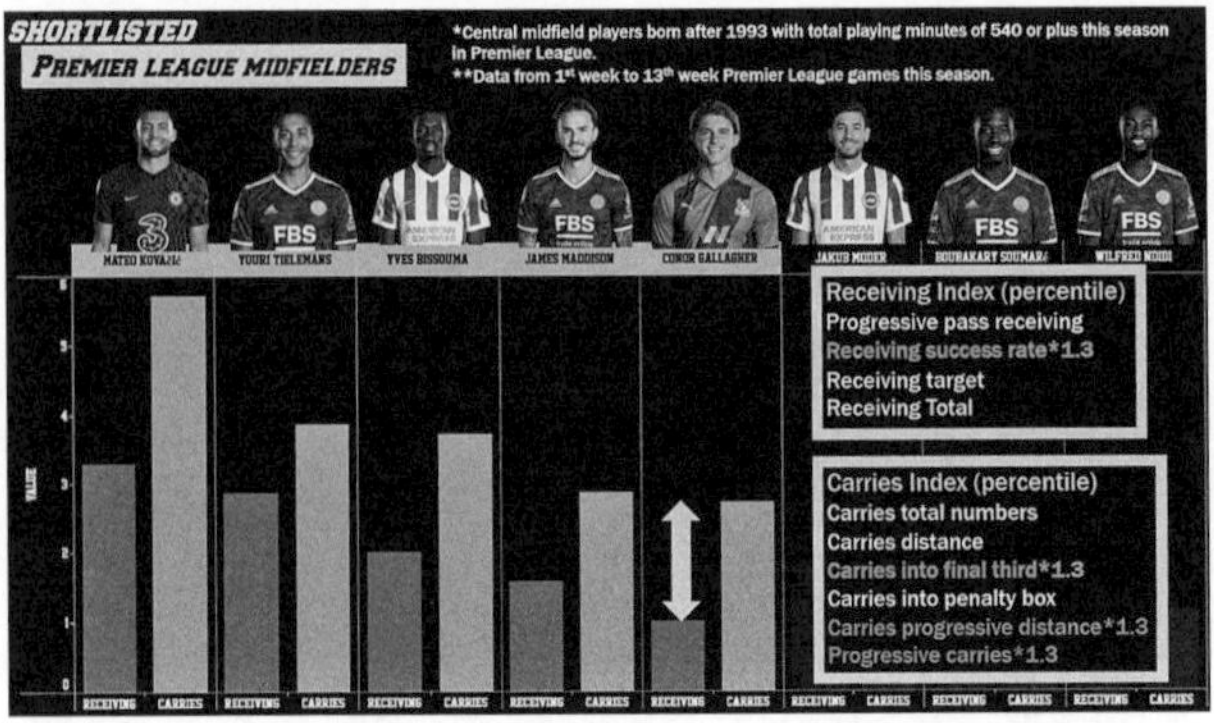

と思うが、このパフォーマンスインディケーターをパーセンタイル化してチャートにしたものが多く見られる。

それぞれのパフォーマンスインディケーターは重要度が変わるので、データプロバイダーや一部のクラブは各インディケーターにウェイト（重要性）を加味して一つの数値に集約するといったこともやっている。

上の画像を見てもらうと、右側の枠に囲まれている上の部分がパス受けの能力の指標、下がボール運びの能力の指標となっている。パス受けに関しては、「前方へのパスを受けた回数」や「パスのターゲットになった回数」など合計四つのイベントデータがあり、その中でも「成功したボール受けの回数」が他の項目に比べて1・3倍のウェイトがかけられている。

さて、イベントデータという言葉が出てきたが、これは試合の中で起きる、一つのイベントに関するデータのことで、サッカーでは「パス」や「シュート」をはじめ、起こりうる全てのアクションがデータ取得の対象になる。一つのイベントデータの中にはさらに、無数のカテゴリカルデータが存在する。例えば、パスであれば「前方へのパス」「後方へのパス」といった方向でも分かれるし、「成功／不成功」といったアウトカム、または「プレイヤー１からプレイヤー２へ」などそのアクションの始点と終点などの条件をつけて、詳しく分類可能である。もちろん、それぞれのカテゴリーの組み合わせもできる。そのため、イベントの定義をしっかり決めて、何度かデータ取得精度のテストを行えば、イベントデータはノートとペンと試合映像を元手にして自力で取得できる。「相手を背負ってボールを受けて、その後前向きの選手にパスを出せた回数」とか「サイドバックがビルドアップで相手のプレスを回避した回数」なんてデータも取ることが可能だ。

　ちなみに「データ取得精度のテスト」とは、イベントデータの定義に基づいたデータを正確に取得できるか、分析官が行うテストである。例えば「サイドバックのビルドアップ時におけるプレス回避」を集める場合、まず複数人の分析官が一緒に同じ試合を見ながら、「これはイベントデータの定義に該当する、しない」という共通理解を作る。次に分析官たちが互いに隔離された状態で同じ試合を数試合見て、定義に基づいてデータを取得する。そして試合が終わった後に、取得した「サイドバックのビルドアップ時におけるプレス回避」の総数が合っているかどうかを照らし合わせる。もし総数に齟齬があったり、総数は合っているけれども内訳（時間別や選手別）などに違いがあれば、一緒に試合映像を振り返りながら確認するという工程を加える。

ここ数年、取得できるカテゴリカルデータの増加が顕著だ。初期のイベントデータは誰もが目にしたことのある「パス数」や「ドリブル回数」といった、大きくイベントを括《くく》ったものが主流だったが、クラブのスタイルが明確化、そして言語化されていくうちに先述したカテゴリカルデータが増えてきた。「相手ライン間でボールを受けて、その後ボールを前進することができた数」や「センターバックがボールを進めた後にチャンスを作り出した数」といった複雑なカテゴリカルデータの発展の裏には、戦術の具体化、個人へのフォーカス、言語化、体系化などが影響している。

動きの「質」をどう評価するか

もう一つの新しい潮流として、アクションのバリュー化が挙げられる。２０１９年以降、ある試合中に起こる各イベント、もしくは１人の選手がどれくらい試合にインパクトを残したか（ゴールを決める、チャンスを作る、ボールを前進させるなど）をマシーンラーニングで測定し、評価したデータがクラブに提供され始めた。StatsBomb 360やSciSportsやStats Performをはじめとした多くのデータプロバイダーが「そのアクションが試合に及ぼす影響、価値」をイベントデータに結びつけた情報をクラブに提供している。ボールを持っている時だけではなく、守備時のバリューも２０２１年時点でその有用性を示す論文が発表されており、すでに実務で使用されている。

　この「バリューづけ」の仕組みは、過去の数千試合を母数とし、それらの試合をマシーンラーニングで分析することによって、どういったアクションがどの位置で行われるとどのくらい試合にインパクトがあるか、という傾向を見出すものだ。例えば、ゴールキーパーからセンターバックまでの短いパスよりも、ミッドフィルダーからストライカーへの相手ペナルティボックス内でのスルーパスの方がチャンスにつながりやすい＝ポイントが高いということが数値化されるのだ。これによって多くのピッチ上でのアクションに優劣がつき、誰が得点創出・相手の得点創出阻止に影響を与えているか測定可能となった。これにより、今まではあるアクションの総数や成功率でしか選手の特徴を判断できなかったが、そのアクションの質までデータで知ることができるようになった。

数年前まで、こういったマシーンラーニングを駆使したアクションのバリューは一部のデータサイエンティストが在籍するクラブでしか見ることができず、多くのクラブでは実用化されていなかった。しかし今では、クリック数回で簡単に見られるプラットフォームがある。興味がある方はSoccerment、日本であればFootball LABがバリューつきのイベントデータを無料で公開しているので検索してみてほしい。また、ボールを持っている状態でのアクション（パスやシュート）にとどまらず、オフザボール時の動きのバリュー化も進んでいる。すでに5年も前の記事になるが、興味がある方は「Spearman 2018 Beyond Expected Goals」で検索して、アカデミックペーパーを読んでみることをおすすめする。

他にスカウトがよく使用するデータには、タッチマップやヒートマップがある。この「マップ」系のデータは、指定した試合の中で、指定した選手がピッチ上のどの辺りでどんなアクションをしたのか、またそのアクションの結果（成功or不成功）などをビジュアル化したものだ。マップのデータによって、パフォーマンスインディケーターのみでは見えない選手の差を明かすことができる。

データに基づいた選手獲得の具体例

以前こんなことがあった。ボールウィナーと呼ばれる、相手からボールを奪う「ボールウィニング」を得意とするタイプのＣＭＦ（セントラルミッドフィルダー）の選手を、自分の所属していたクラブが探していた時のことだ。まず「24歳以下＋ポジションがＣＭＦ＋メインフォーメーション４‐３‐３＋契約が１年以内に切れる」でフィルターをかけ、次に「１試合平均のボール奪取が３・５回以上＋自陣での守備デュエル成功率70％以上＋守備貢献度（バリュー）リーグ平均以上」で検索すると、３人の選手がヒットした。その３人は、スタッツ上では同じボールウィナーとして分類されていた。その後、それぞれのプレーの違いを確認するために映像を基に分析官とタッチマップを制作すると、３人の違いが見えてきた。ここからはクラブで実際に使用したスライドで説明する。ピッチ上にある点は、各選手がボールを奪った位置だ。

一番左の選手はディフェンス時に静的なポジショニングをとり、自ら奪いに行くことは少ない。味方が相手を誘導した先に待ち構えてボールを奪う守備が特徴的だ。真ん中の選手は

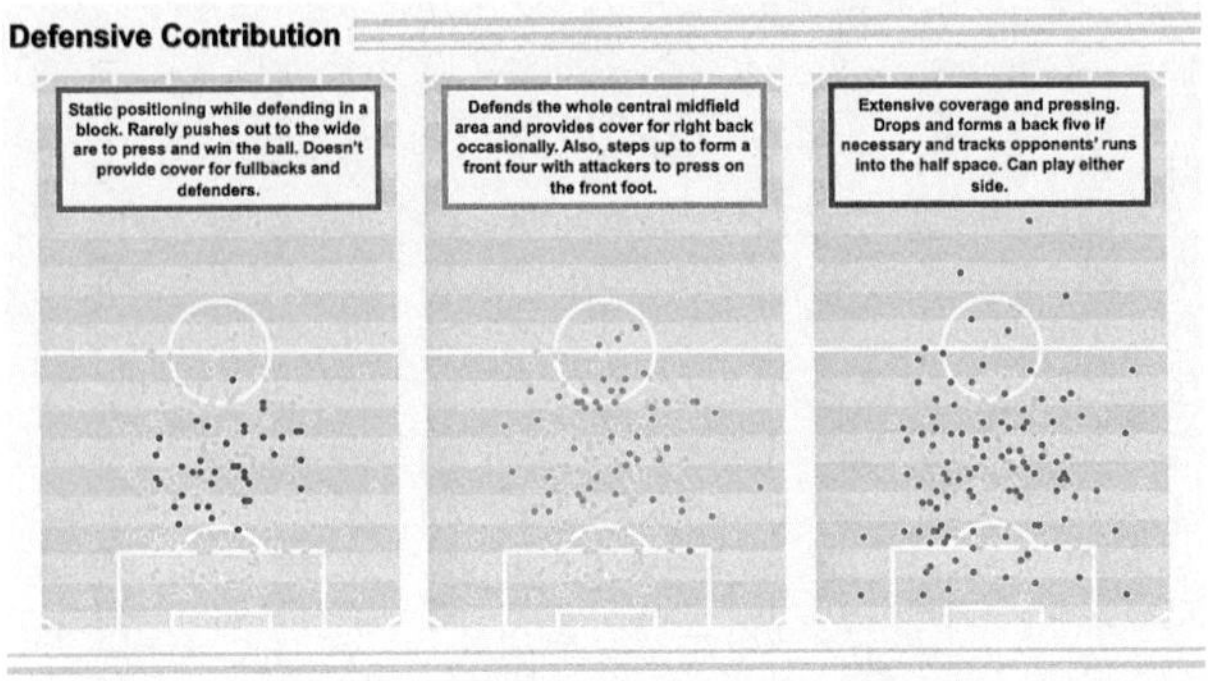

実際に使用したタッチマップ

もっと前のめり。すぐ動けるように構えており、高い位置でボールを奪おうとしている。4-3-「3」の最前線の「3」と同じ高さあたりまで前進し、積極的に相手をマークしてボールを刈り取るタイプであることがわかる。一番右の選手は散らばっている点を見ての通り、広範囲の守備が持ち味だ。サイドバックやセンターバックのカバーリングはもちろん、ワイドまでスライドしてのプレスや前線の選手と同じ高さまで上がってプレスに行く守備で、かなりエネルギッシュに動く選手である。

　また、これを参考に映像を見ると、一番左の選手は相手がミスをした、もしくはプレーエリアを限定された時に奪うスタイルのため、基本的にプレスは前に進むのみ。一方、一番右の選手は相手がサイドで仕掛けている時や背後に抜け出してボールを触ろうとした瞬間など、方向転換や長距離のランニングによるもっと動的なボール奪取ができていた。真ん中の選手は両者の中間ぐらいのバランスという感じだ。結果、フィジカル的なアウトプットを考慮し、プレーエリアが広い一番右の選手を獲得した。

これ以降このクラブではプレスの動き（始点から終点まで）をデータで取るようにし、ボール奪取時の動きも分類しようと計画を立てたが、3ヶ月後にスカウト部長がクビになり、彼が連れてきたスカウトは筆者を含めクラブから一掃されたため、計画は途絶えた。このように、スタッツに加えてタッチマップやヒートマップを使うと違う角度から特徴が見えることがある。

フィジカルの測定もより複雑に

フィジカル的なアウトプットの測定も近年大きな変化があった。フィジカル的なアウトプットの測定というと、選手にGPSとリンクされたウェアラブルデバイスを装着させ、各チームが独自で測定するやり方が、我々もよく知る手法である。それとは違い、現在ではGP

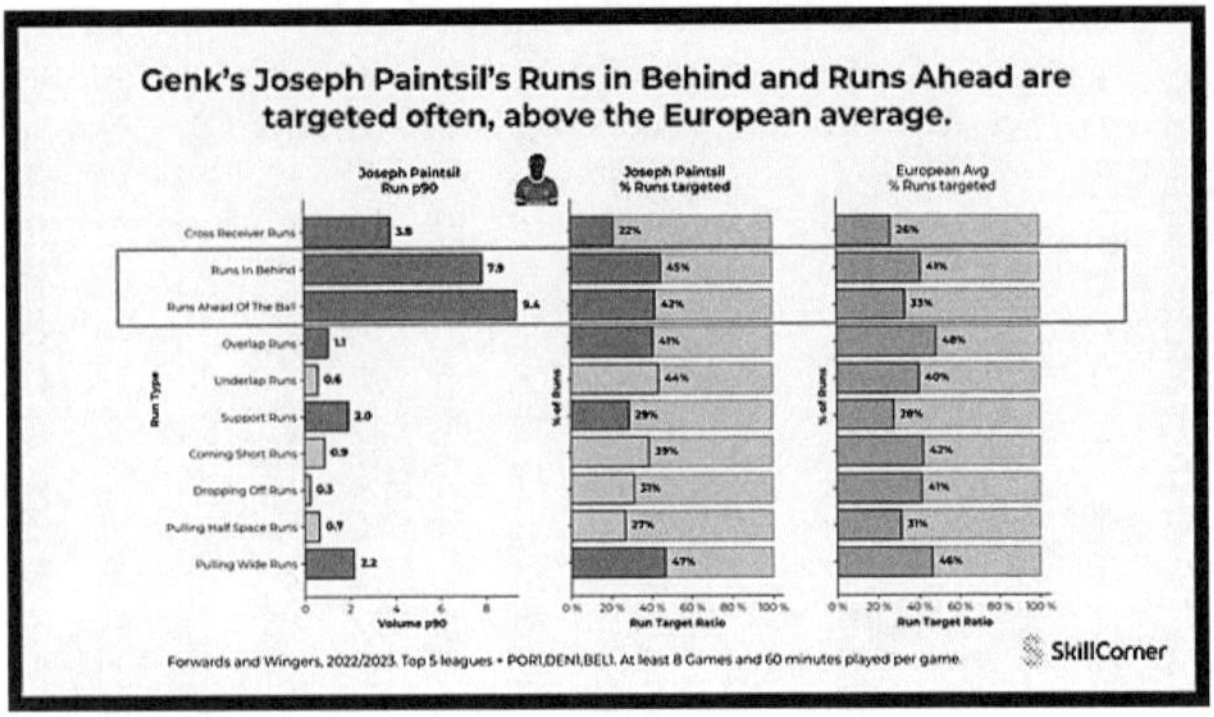

出典：SkillCorner

Sを必要とせずに、試合の映像のみでトラッキング技術によって選手のフィジカルデータを正確に算出する技術がある。代表的なデータプロバイダーはSKillCornerや韓国のBeProだ。彼らは試合中の走行距離やハイインテンシティのランニングなどはもちろん、そのランニングがどういった戦術的意図のもと実行されているかをＧＰＳやウェアラブルデバイスなしで計測し、分析することを可能にしている。

上の画像はオフザボールの選手の動きを自動化したトラッキングで集計し、どのような動きをしているのか、その走りがどれくらいの割合で味方からのパスのターゲットにされているかを示したものだ。

画像からは、「相手の背後へのラン」「オーバーラップ」「アンダーラップ」「近いサポートを作るためのラン」「ビルドアップのために落ちるラン」などの戦術的意図とフィジカルアウトプットがリンクされているのがわかる。これにより、今までは「運動量が高い」という項目で一括りにされていた選手たちが、どのようにその運動量を供給しているかを把握できるようになった。今まではＧＰＳで測定した情報を選手の代理人からクラブを介さずこっそり送ってもらうということが横行していたが、これからはこの技術によって、代理人とコンタクトが取れないような選手のアウトプットも確認可能になるため、スカウトにとっても欠かせないツールである。

ただし、これらのツールに関していうと、現時点ではまだファンでも簡単に使えるところまでは落とし込まれておらず、高額サービスのため基本的にクラブやメディアのみがサブスク可能となっている。しかし、数年、もしくは1年以内に無料でこういったフィジカル＋戦術の情報をファンが確認できるアプリが出てくるだろう。

パフォーマンス以外の部分では、スカウトアクティビティの管理やスカウトの評価もデータを取ってビジュアル化される。各チームのスカウト頻度、レポート数、選手レベル（トライアルの結果等）といった情報を集積し、データ化することでスカウティングの効率性改善も期待できる。また、選手獲得の費用とその選手がチームの成績にもたらした効果の検証や、イングランドのクラブ全体の移籍フローをデータ化し、タレント発掘が希薄なエリア、オーバープライスな選手が多い国などを特定することにもデータは役立つ。モダンなスカウティングは efficiency（効率性）を重視する傾向にあり、ランダムに試合に出向き、選手のレポートを取るという行為を減らそうとしている。多くのクラブは無駄なスカウティングをなくすために、感覚的なタレントのホットスポットではなく、過去のデータに基づいたホットスポットを探している。

このように、スカウトにとってデータはなくてはならない存在だ。とはいえ、データにだけ頼り切るのも非常に危なく、また使用の際の注意点をしっかりと把握しておかないと偏った判断を生んでしまうことになる。次章ではデータの限界、気をつけておくべきことについて話を展開する。

コラム

サッカー界で出会ったフレーズ④

“You have to know what’s in the building.”

in the building はつまり自分たちの組織、アカデミーの選手やトップのサブ、スタメンの選手のことだ。外部の選手を見る前に自分たちの組織内選手を把握しろ。筆者を含めたアカデミースカウトが現所属のアカデミー生よりもレベルの低い選手ばかりクラブに推薦していた時に言われた言葉だ。

リモートのスカウトが非常に多いイングランドでは、案外と自分の所属するクラブの試合やアカデミーの内実を把握できているスカウトは多くなかったりする。最近ではスカウトを定期的に集めて映像でU18とU21の試合をいくつか見るクラブも増えている。

第5章

「データスカウティング」の現在地

［後編］

前章ではスカウトのデータ活用方法や、利点について話した。現代のスカウティングにおいてスカウティングの効率性、効果を上げるためにデータはなくてはならない存在である。ただ一方、その使い方や性質を把握せずに用いると思わぬ落とし穴にはまってしまう。この章ではその「落とし穴」について解説していきたい。トピックは大きく分けて三つで、「①データの解釈」「②測定方法」「③インテグレーション」となる。

落とし穴①「データの解釈」

まずはデータの解釈について。前章で紹介したように、パスやシュートをはじめとした大きな括りのデータ、そこからさらに細分化したカテゴリカルデータ、そしてそれらにバリューつけしたデータまで数多くの情報がデータプロバイダーからスカウトへと供給される。それらのデータを扱って選手を探すことも大切だが、それらのデータが指し示すところを理解すること、イベントデータが測定していない部分を把握することもスカウトには同じくらい欠かせないスキルだ。選手のパフォーマンスを客観的事実に基づいて測定できるデータは非常に便利だが、測定されていない部分がどのくらいあるかを理解しておかなければ、手に入るデータのみに過度な信頼を置いてしまう事態を招く。

測定できていない部分とはなんなのかを説明するために、「シーズン平均のファイナルサード（敵陣ゴールに近い1／3のエリア）へのパス成功率」を例にとって話を進める。この一つのパフォーマンスの指標には一体何が含まれていて何が欠落しているか、そのアクションがゲーム内でどのように構成されているるか、深掘りしていこう。

複数人の選手が「シーズン平均のファイナルサードへのパス成功率90％」という同じ数値を最終的に叩き出しても、それに到達するまでには各々が違う方法や環境で辿り着いている。高いパス成功率を残している要因は一体なんなのか？　それを解明するには、データのみではわからない部分があるのだ。

まず、ここでは「パス」は「同じチームの1人の選手からもう1人の選手へと他の介在なくボールが移動し、到達するアクションのこと」と定義する。

測定できる部分としては、成功か不成功か、パスの受け手と出し手、ボールスピード、パスが交換された2選手間の距離、パスの方向、パスの前後のアクション、パスの始点と終点、パスが出された足、パスを出す際のプレッシャーの有無、そのパスのチャンスバリューなどがある。

これ以外にどのような要素が絡んでくるかというと、ボールの出し手に関しては、その選手の認知能力、技術力、戦術理解力、フィジカルなどだ。こうした要素はデータで測定することが非常に難しい。軸足と体の向きで相手を騙《だま》すなど体の使い方がきれいな選手もいれば、フィジカルを生かして相手を抑えながらパスを出す傾向がある選手もいるし、ボールを足裏でコントロールし相手が動くのを待って正確なパスを出す認知機能に長《た》けている選手もいる。

パスを出すには技術的なボールストライク、体をコントロールして適切なスピードで出す身体能力、瞬時に味方と相手を判別する認知機能など個人の様々なクオリティや特徴が現れるが、それらが全てデータに反映されているわけではない。また、選手がアクションを起こす際のefficiency（効率性）やphysiological parameters（心拍数や最大酸素摂取量などの生理学的パラメーター）といったtechnical analysis（技術的分析）の測定も現在はクラブ単位での実践に限られており、大規模なデータ収集は行われていない。

次に、パスの受け手に目を向けよう。パサーに対して、受け手が何人いるか、もしくは誰がどのエリアで受け手となっているかも考えなくてはならない。「ファイナルサードへのパスがシーズンを通して90%の成功率」の同じ結果を出している選手たちの間でも、彼らのパスの受け手による影響が均等であるとは言い切れない。イニエスタのようにどんな悪球でも良いパスに変えてしまうようなボールコントロールができる受け手と、良いパスでもコントロールに戸惑ってしまう受け手では、パサーが同じパスを出しても結果は異なる。さらに、出し手と受け手の共通理解や関係性も影響する。同じ90％の成功率でも、受け手が全く組んだことのない新戦力の選手である場合と、2年近く同じ布陣で戦っているチームの選手の場合では、その難易度も変わるだろう。

続いて、自チームの全体を見る必要もある。パスは2人の選手の間でボールが交換される行為であるが、それにはチームのストラクチャー（構造）や動きのシステムが大いに関係している。相手ライン間へのパスオプションが多く、ファイナルサードへのパスが通りやすく設計されているチームもあれば、ファイナルサードのパスターゲットがストライカー1人だけのチームも存在する。またファイナルサードへの侵入方法もスタイルによって違う。ロングボールで裏への抜け出しを図るチーム、中央突破を狙うチーム、サイドでの前進を肝とするチームではパサーのレベルやタイプは変わるだろう。

それに加えて、相手チームのストラクチャー、ボールパサー周辺にいる相手選手の守備レベルも関わる。近年は多くのチームが相手の特定の種類のパス（例えば利き足でない足へのバックパス、ビルドアップ時のセンターバックからサイドバックへのパスなど）に対してプレスのトリガーを設定している。逆に言えば、あるエリアでは相手にボールを回されることを容認している場合がある。自陣のファイナルサードまでボールを運ばれた際には、サイドの縦パスを目掛けてインターセプトはせずに、縦への進路を切り中へのルートも塞ぎながら相手に寄せて、ボールを後ろに返させる戦術を取るチームもある。

　ある試合で実際に起きたことだが、前半はホームチームの左サイドバックにプレッシャーがかかっておらず、縦パスや中央斜め前へのパスを自由に出していた。しかし、後半に入って、対面する相手の右ウイングが正面からプレスに来るようになり、さらに相手チーム全体のボール周辺へのスライドが素早くなった。すると、前半に頼っていた中盤へのパスコースも消され、ボールを持った際にセンターバックやゴールキーパーへのバックパスか、ピッチを横断するような逆サイドへのロングパスしか選択肢がなくなった。このように左サイドバックが実行可能なパスの選択肢が変化し、それに伴ってパスを出すために必要な技術レベルも変化したため、成功率が変わったのである。

　この例からも、パスはそのボールに近い３、４人の選手だけではなく、チーム全体の動きと連動していることがわかる。またプレスを個人単体で見ても、プレミアリーグの大きく素早い選手にプレスをかけられた場合と、リーグ１（英３部）のゆっくりとした選手にプレスをかけられた際には、ボールパサーが受けるプレッシャーは物理的にも心理的にも異なる。加えて、試合の時間帯によっては、本来はプレスのクオリティが高い選手であっても、疲労が溜《た》まり精度が落ちることもあり、それらも考慮する必要がある。

これ以外にもピッチコンディションや疲労度、試合の状況、スコアライン、大会のタイプ、ホームアンドアウェイなど数えきれない situational variables（状況変数）がこのパス一つのアクションに作用する。まとめると、パスの成功率はその選手のテクニックや身体能力に依存しているわけではなく、外部環境の影響が大きいのだ。

今回はパスを例にとって説明したが、これらの要素はピッチ上で起きるほぼ全てのアクションに共通して影響していると言える。現在イベントデータとして算出されている数値はこれらの全てを網羅しているわけではないため、スカウトが数値を読み取る際には、反映されていない変数についても映像や他の情報ソースを駆使して調べておくことが必要だ。

relative significance（相対的重要性）とは

せっかくなので relative significance（相対的重要性）についても触れたい。データプロバイダーから提供されるもの、自分たちで収集するものを全て含めると、現在では1試合で40万以上のイベントデータを取得することが可能だそうだ。その中から、スカウトやリクルートメントアナリストが選択した特定のパフォーマンスインディケーターを基準に各ポジションの選手を分析するといったプロセスを踏む。多くのデータプロバイダーも同じ手順で、各ポジションに設定されているパフォーマンスインディケーターを参考に、選手のプレーを評価している。

ここで一つ気をつけておかなければならない点は、各パフォーマンスインディケーターのウェイト、重要性がフラットに設定されていることである。例えば、センターバックでポゼッションプレーが得意な選手を見つけるために注目したい指標としては前方へのパス数と成功率、プレッシャー下でのパス成功数、ラインブレイキングパス数、ボールを受ける回数、ボールを受けようとパスオプションになった回数、前方への持ち運び数と運んだ距離、ボール運び後のアクション別成功数、インターセプト後のファーストパスの成功数などが挙げられる。とはいえ、列挙された項目の重要度が全く等しいということはなく、クラブのプレースタイルによってその比重は変わってくるだろう。各項目の重要性をクラブで設定しておかなければ、スカウト同士で意見は変わってくるだろうし、最も良い数値を残している項目を、

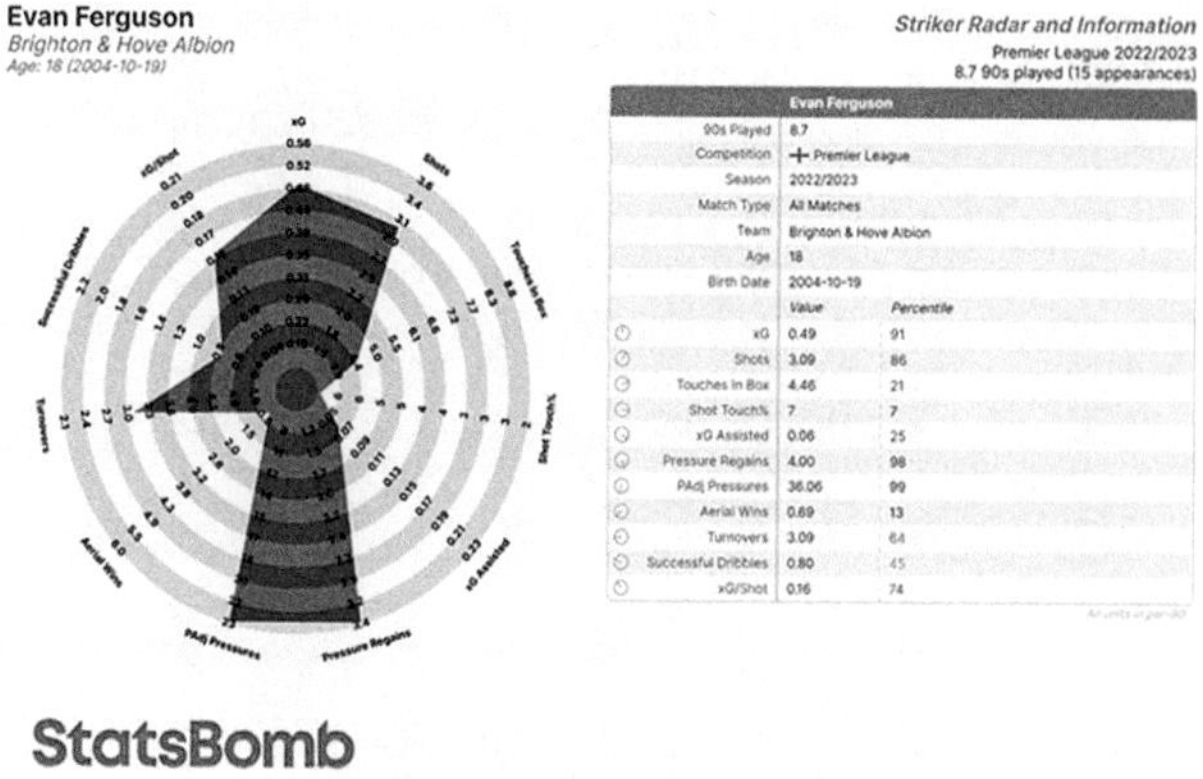

データプロバイダーの一例（出典：StatsBomb）

その項目の重要性とは関係なく盲目的に当てにしてしまう危険性がある。

　また、実際にあるパフォーマンスインディケーターが試合へのインパクトをどの程度反映しているかに関しても、今はまだアカデミックな領域では研究の充実度にムラがあるため、完璧には把握できない。それとは逆に、すでに選手のタレントレベルとの関連性を頻繁に論文で言及されている選手の学習能力やプレー中の認知機能（「パターンレコグニション」と呼ばれる、パターンを見つけ出す能力やゲームへの適応性、近遠距離の物体を素早く把握する能力など）を測定するテクノロジーについても、クラブ単独で行っている実験的なプロジェクトは存在するものの、スカウティングといった自クラブ以外の広範囲の選手をターゲットとする業務では実装されていない。

測定対象のイベントデータをどれくらいの期間で集めるかも、データスカウトをする際に考慮の必要がある。多くのスカウトはフィルターとして今シーズンのパフォーマンスから算出したイベントデータを見るが、選手のパフォーマンスは1シーズンきっかりのサイクルで上下するわけではなく、ランダムに起こりうる。数ヶ月のみ爆発的に活躍する選手、数シーズンにわたってトップレベルのパフォーマンスを残す選手など時期の切り取り方によって、その選手のパフォーマンスレベルは大いに変化する。直近の1シーズンでは活躍していない選手でも、移籍後に大活躍するケースもあるため、選手のパフォーマンスの測定対象期間にはもっと注意を払う必要があると感じる。特に育成年代はシーズンを通してプレーのクオリティの上がり下がりが激しく、数週間で完全に変わる。どれくらいの年月を見れば各年代の選手のパフォーマンス傾向が把握できるかは、現在そこまで精査されていないのが現状だ。

落とし穴②「測定方法」

データの解釈の次は、測定方法について話したい。データを集める際には reliability（信頼度）と呼ばれる収集の信頼度・精度に気をつけなければならない。データプロバイダーがデータを収集する際、マシーンラーニングといったＡＩのテクノロジーを使用して自動化している会社もあるが、人力で収集している会社もある。人間が集める以上、データを収集する過程で見落としやイベントデータの定義の誤解、データの入力ミスなどのエラーが起きるのだ。複数名の分析官が同じ試合の同じアクションの測定を行った場合に、ある分析官は98本、ある人は１０１本、またある人は95本……となることもありうる。

特にイベントデータの定義に関する理解のずれは大きな要因で、例を挙げるとスローインはパスとカウントしてもよいのか？　たまたまボールがある選手の足に当たって跳ね返ったボールがパスのような形で味方に渡った場合は？　など、イレギュラーなボールの動きでエラーが起きやすい。他にも、タッチマップと実際の試合映像を見比べてみると、シュートを打った位置が10ｍ近くずれているといったこともある。この問題はパフォーマンス分析でも大きな課題としてよく取り上げられるため、当然その対策も様々なデータプロバイダーで行われている。

データプロバイダーによって、１試合のデータを集めるのに稼働している精度チェックの人数は大きく違い、2人でカバーしている会社もあれば、10人近くでクロスチェックを行っている会社もある。また、現在多くのデータプロバイダーはライブコーディングと呼ばれるトラッキングシステム技術を取り込んでいく流れに沿っているため、この精度は今後大きく飛躍することが予想される。reliability とセットで把握しておくべき validity（妥当性）も、興味がある方は調べてみてほしい。

落とし穴③「インテグレーション」

最後にインテグレーションについて触れる。日本語で言えば「統合」であり、データを実際の現場に落とし込んでいく過程を指す。これはデータよりも、それを使う人間側の話だ。データがスカウト業界に入ってきて少なくとも30年以上は経った今では「データを使わない」と断固拒否しているクラブはないが、データをスカウトで使用することに全スカウトスタッフが賛成しているクラブは少ない。イングランドのスタジアムで試合を見ていると、「データで選手はスカウトできるわけがない」といったコメントをいまだにスカウトの口から聞くことがある。抵抗がある人間は少なくない。クラブのスカウト戦略は、スタッフが同じ船に乗ることによって進み出すものだが、それができているクラブはほんの一部なのだ。

ただし、もちろん意見の分裂があるからといってスカウティングがうまくいかないわけではない。手持ちのツールを最大限に生かすためには、クラブ内の戦略とカルチャーに一貫性があった方が良いという話だ。データの取得だけに関していうと、予算があればありとあらゆるサービスをサブスクすることができる。しかし、それらのツールは正しい用途で使わなければ、宝の持ち腐れである。これはおそらくフットボール以外の業界にも共通していることだと思うが、データを駆使する以前に、今まで手作業で行っていたことをＩＴツールに移行するだけでも、全スタッフがスムーズに実行できるわけではない。新しい選手情報入力プラットフォームをクラブで導入しても、スタッフの大半がなじめない、使おうとしないというケースは複数のクラブ関係者から聞くもので、この統合は予想以上にチャレンジングなタスクとなっている。

またデータやテクノロジーによって得られた情報に意思決定者が置く信頼度も、クラブによって大きく変わる。ここにはクラブカルチャーと呼ばれる、クラブのバリュー、ミッション、ビジョンといった全ての行動の基準となる要素が影響を強く及ぼしている。獲得戦略、ターゲットエリアの設定、資金運用、チーム編成、スカウト編成などの毎日の実務にもこれ

８部の試合風景

らは当然反映されている。

プレミアリーグレベルのクラブであれば、1億円を超える移籍金を支払う選手獲得は珍しくないが、この高価な「お買い物」における購入の意思決定は簡単ではない。選手獲得の決断に最低でも1億円ほどのお金が動く場合、その判断基準や判断要素として人間は自分が親しんでいるものや、他の大勢が懇意《こんい》にしている情報ソースを使おうとするものである。

考えてみてほしいが、皆さんがポケットマネーで１０００万円の車の買い物をすると仮定した場合、たとえ車自体の性能やパフォーマンスの数値が調べる限り高くとも、全くなじみのない会社の、聞いたことのないブランドの車を購入するという決断には至らないと思う。そこには大きな抵抗がある。普通は大手のブランドを見て回り、他の購入者のレビューを聞いたり、メディアでおすすめされているものを調べたりするだろう。要は少しばかりの「保証」がある決断を人間であれば誰しもするものだ。

同じことがスカウト業界にも当てはまり、従来通りの preferred resource と呼ばれる自分が贔屓《ひいき》にしてきたエリアや情報源の選手情報を基に選手獲得を行うクラブがほとんどで、自分たちのコンフォートゾーン（安全地帯）から積極的に抜け出して選手を見つけ出すクラブは非常に少ない。そのため、ほとんどのクラブが「データインフォームド」(data-informed)

であり、「データドリブン」(data-driven) とは言えないのが現在のスカウティング界である。どれだけデータを駆使して素晴らしい選手、クラブに合う選手を探し出すことができても、「いや、知り合いからこの選手を紹介されてそっちをとることにした」と言われたらそれまでである。データをテーマにした前章と本章については「提供されているデータを最大限活用できるかどうかを最後に決めるのは、結局それを扱う人間である」と結論づけられるかもしれない。

この章で挙げたデータ活用の落とし穴の中には、重箱の隅をつつくような内容からアカデミックな議論の的まで、様々な視点が混ざっている。ただ、データを解釈する上での難しさや欠落している部分があるとはいえ、実際にはそれ以上にデータの恩恵を享受することが多い。今後もスカウティングにおけるデータの重要性はますます高まり、欠かせないものとなるだろう。データがスカウトに取って代わることは今のところなさそうだが、データを扱えるスカウトはデータを扱えないスカウトに取って代わるかもしれない。

コラム

サッカー界で出会ったフレーズ⑤

"Talk is cheap. But not for free."

「言うのは誰だってできる。やるのが大事」。日本の受験戦争を経験し、小さい頃から受験目的の学習塾に通っていた筆者は、今では話している人の予備動作だけで「あっ、例の言葉が出るな」と予測できるようになっている。それぐらい、この言葉は小さい頃から言われてきた。おそらく他の方も全く同じ文言ではなくとも、こうした意味合いの言葉は生涯で聞いたフレーズの上位に入ると思う。「言うは易し、行うが難し」。英語だと"Easier said than done."もしくは"Talk is cheap."となる。

"Talk is cheap."もナイキのTシャツにプリントされるほどコモンな表現であるが、その後にもう一節つなげる人がイングランドにいた。彼曰《いわ》く、"Talk is cheap. But not for free."（話すのは安いが、タダじゃない）。「口にすることでその言葉が後々あなたに影響を与える。話すってことは『タダ』じゃなくてしっかりとコンシクエンス（結果）がついてくる。良くも悪くもね」と。ことわざの「口は災いの元」に近いニュアンスのメッセージがあるそうだ。

同僚のスカウトや上司、ダイレクターと話す中でポロっと何気なしに言った言葉で自分のことを査定されたり、相手の印象を変えてしまうことは多々ある。会話の種として「～の選手めちゃくちゃいいんですよね」と言ったのに、相手は本気の推薦だと受け取ることもある。意図しない言葉の端々で角を立たせてしまったり、早合点したように聞こえてしまって「お前が言ってること全然違うじゃないか」と言われたりするものだ。

何かを言う時は常に、それにつきまとうリスクとリワードを考えろ。スカウトになりたての頃、イギリス4部クラブのスカウトミーティングにて、推定移籍金5億円の若手を激推しした自分を諭《さと》すために上司のアンディ・バージスがかけてくれた忘れられない言葉だ。

注：4部クラブで5億円の選手移籍金はあり得ない高額。予算規模を考えてもっとまともな提案をしろということだ。同僚にミーティングの後「お前は10ポンド札（約１８００円）を握りしめて結婚指輪を買いに行くつもりか!? www」とジョークを言われたのはここだけの話。

第6章

変わり続ける育成の仕組み

スカウトはサッカー界を超えた「社会」の枠組みに影響される

フットボール界には今も昔も「トレンド」が存在し、我々のフットボールの解釈方法や見方、向き合い方に影響を及ぼす。本章ではそんなフットボール界のトレンドについて、スカウトの目を通して話してみる。

トレンドを紹介する前に、そもそもスカウティングとはどのような事象であるかについて少し解説したい。事象そのものを理解することで、後述するトレンドが生み出される原因や理由を把握できるからだ。

ここまで特に言及してこなかったが、筆者はスカウティングの仕事と並行して、イギリスの大学院でパフォーマンス分析について勉強している。大学院ではフットボールを学術的に研究することが求められるため、実践的な内容とは違う角度からこのスポーツを見る機会が与えられる。筆者の専門は「タレント発掘、確定、確保における学術的パフォーマンス分析のアプライ（実践）」である。簡単にいうと、良い選手を見つけるためにどうテクノロジーやシステムを使うかということだ。

学術論文において、選手のタレント発掘は「ダイナミックでホリスティック、そして社会的な影響を受けながら、適切なタレントを発見・確保していく行為」と定義されることが多い。これが意図するところは、タレント発掘には複雑性、予測不可能性が存在し、パフォーマンスのみならず、様々な内的・外的要因が絡まって起きている現象だということ。そして、それらは「サッカー」という断絶されたコミュニティ内だけで完結せず、さらに大きな「社会」という枠組みの中で起きているということだ。トレンドを考える際には、この「スカウティングはサッカーを超えた『社会』の枠の中に存在している」ことが一つの鍵となる。

この章では、選手を取り巻く社会情勢やスカウティングの構造的変化（外的要因）について取り上げる。現在サッカー界の外で起きている事柄がスカウティングにどのように影響しているのかを掘り下げて、それによって発生しているトレンドを紹介する。次の章ではもっと細かい部分である、プレーや選手の特徴、ツールの変化（内的要因）を紹介する。

ブレグジットで激変した若手の引き抜き方

では、実際のトレンドに話を移す。近年の最も大きなトピックは、イギリスのＥＵ離脱による国内アカデミー間移籍の激化だ。

2020年1月31日にイギリスは正式に欧州連合を離脱した。これにより、イギリス国内のクラブが欧州内から18歳未満の選手を獲得することが不可能となった。それまでは16歳以上の選手であれば、欧州間での国際移籍が認められており、元チェルシーのアンドレアス・クリステンセンや元アーセナルのヘクトル・ベジェリンといった選手がそれぞれデンマーク、スペインからそのルールの恩恵を受けて獲得されている。16歳でイングランドのトップクラブが国外から獲得してくる選手はプロになる可能性が非常に高い有望株であったため、このルートが閉ざされたことは国内のクラブ、特にビッグクラブにとってタレント確保の枠が狭まった点で非常に痛手である。この社会情勢の変化によって生まれた選手の穴は国内の選手で埋めるしかない。そのため、ブレグジット以降、イングランド国内のアカデミー間移籍が激増しているのだ。

イングランドのプロクラブのアカデミーはプレミアリーグが設けた基準である育成組織のリソースや生産性、施設のレベルによってカテゴリー分けされている。マンチェスター・シティやチェルシーなどが所属するカテゴリー1は最上位で、それから順番に2、3、4と下る。このカテゴリー内、もしくはカテゴリー間で選手の移籍が盛んになっているというわけだ。この移籍は、所属アカデミーから放出された選手がフリーで移籍する形ではなく、他のアカデミーに所属している選手にお金を出して引っ張る形の移籍だ。

　チェルシーは昨シーズン（２０２１年）、ウェストブロムウィッチからキアノ・ダイヤー、レオ・カルドソといった国内トップレベルの若手を獲得した。マン・シティは昨季アーセナルからフェミ・ファペトゥを獲得し、今季も２人の選手を国内の別アカデミーから引っ張ってきている。この傾向が強まりつつある現在、アカデミー内で最もプロ入りが期待できる選手でさえ、所属クラブのＵ16からＵ18へ上がるオファーにすぐにサインせず、自分たちよりも高いレベルのクラブからのオファーを待つことが増えている。アーセナルのＵ18で飛び級してプレーしている16歳のイーサン・ヌワネリも、アーセナルＵ18への正式オファーがクラブから届いているにもかかわらず、他のアカデミーからのオファーを待っていることが報道された。しかし、この例は彼だけにとどまらない。

　国内トップレベルのアカデミーが彼らと同等、もしくは一つ下のクラブからタレントを吸い上げると、タレントを引き抜かれた一つ下のクラブはさらに一つ下のレベルの層にいるタレントを吸い上げる。食物連鎖のように、最上位層の選手獲得傾向が下位へも影響を及ぼすのだ。それにより、最上位ではないカテゴリーに所属しているアカデミーは、吸い取られていった選手たちの穴を埋めるためにアマチュアカテゴリーでプレーする将来性のある選手をピックアップしていく。これが二つ目のトレンドである、育成年代におけるノンリーグ選手獲得の増加だ。

「シンデレラストーリー」もよくある話に

ノンリーグ選手とは、５部以下のノンリーグと呼ばれるセミプロのカテゴリーでプレーする選手のこと。イングランドでは４部までがプロフェッショナルリーグと規定されており、５部以下はセミプロ・アマチュア区分となる。ちなみに実際のところ、５部まではほぼどのクラブでもプロ契約を結んでいる（もしくはサッカーだけで食べていける報酬を受け取っている）選手がほとんどである。とにかく、その５部以下のリーグでプレーする16〜19歳の選手で、ファーストチームデビューを果たしており、活躍していると、プロクラブのU18やU21に引き抜かれる傾向が強まっている。

代表的な例を挙げると、イングランド年代別代表でプレーしているブリストル・シティFC所属のアレックス・スコットだ（２０２３年８月にボーンマスへ移籍）。彼は元々サウサンプトンの育成組織でプレーしていたが、クラブに放出され、地元にある8部のクラブチームのガーンジーへと加入しキャリアをスタートさせる。ガーンジー史上最年少の16歳という若さでファーストチームデビューを果たし、チームのコアプレイヤーとして活躍した。その後、17歳で英2部のブリストル・シティFCにスカウトされ移籍し、18歳の時に4年契約でプロ契約を結ぶこととなる。8部から2部という驚くべきステップアップだ。

彼のように元々アカデミーの選手だったが放出され、アマチュアチームへ加入後に活躍して再びプロ入りするといったケースはもはや珍しくない。最近では、プロクラブの育成組織に全く所属することなくアマチュアチームのファーストチームに昇格し、プロクラブにスカウトされるケースもある。ブレントフォードBチーム（実質U21）に所属する19歳のライアン・トレヴィットは元々、7部所属のレザーヘッドのアカデミーでU18まで育成されてきた選手だ。彼はプロクラブの育成組織でプレーした経験もなく、育成年代のキャリアのほぼ全てをレザーヘッドで過ごした。U18の時に出場した国内のユースカップでの活躍が認められブレントフォードへと移籍を果たし、今ではブレントフォードBのレギュラーである。数年前まで、このようなアマチュア選手たちのプロクラブ入りはまるでおとぎ話かのように語られることが多かったが、近年ではスカウティング戦略の一つとして地位が固まっている。

筆者がチェルシーでインターンをしていた時の役割は、このノンリーグのセミプロ・アマチュアクラブで活躍する選手を追うことだった。意外にも6部や7部といったリーグはもちろん、8部や9部の試合にもプロクラブのスカウトがしばしば来場していたことが印象に残っている。プレミアリーグや2部のチャンピオンシップのU21スカウトがアマチュアやセミプロから選手を獲得しようとすることに最初は驚いたが、徐々にその理由がわかるようになってきた。

先述したように国内のタレント争いがブレグジットによって激化していることはもちろんだが、それ以上に大人と混ざりクラブの看板を背負ってリーグ戦をこなしていくことでマインドセットが成熟している選手が多いこと、アカデミーの選手とのトレーニング内容の差異によって生まれるプレーのバラエティがあること、他クラブとの競合が少なく比較的安価で選手を獲得できることなど、納得する理由がいくつもある。

ちなみに、イングランドのカレッジのクラブと提携を結んでいるクラブからプロクラブのU21や下部リーグのファーストチームに引っ張られるケースも珍しくない。カレッジとは、義務教育を終えた16~19歳のイギリスの学生が通う教育機関であり、そこで学生たちは大学入学に必要な資格や専門的な職業への準備をする。日本の高校や専門学校に近い。この教育機関が独自のチームを持ったり、あるいは近郊のプロクラブの援助を受けてフルタイムトレーニングを学生に提供しているのだ。「イギリスって部活はないんでしょ？」と聞かれることが多いが、このようにしっかりと存在する。

カレッジチームに入団することはアカデミーに入れなかった選手にとって大切なプロへのパスウェイであり、ここから実際にプロ入りする選手もいる。最近ではPro Direct Academyからボーンマスに移籍したジョシュ・ポプーラやKinetic Academyからミルウォールへ移籍したキノなど、その数は増す一方である。特にロンドンのKinetic Academyはカレッジチームながら、プロクラブのU21や下部リーグのファーストチームに合計69人も輩出している名門カレッジチームだ。現在サウサンプトンに所属するジョー・アリボもこのカレッジチーム出身だ。

草の根チームと協力して作る「シャドウスカッド」

スカウトの三つ目のトレンドとして挙げられるのは、アカデミー年代におけるタレント確定の強化だ。タレント確定とは、選手発掘と獲得の間に位置する作業である。選手を発掘した後、その選手が果たして本当に自分たちのクラブに合うのか、自分たちのクラブを強くするのか、といった疑問を解くために、様々な手法で選手のパフォーマンスを観察することだ。トップチームであれば、基本的に選手の映像はスカウトが使用するサッカーの映像プラットフォームで録画を見ることができるし、様々なバラエティのデータを取得することができる。

一方でアカデミーの選手はパフォーマンスのデータが公表されておらず、試合の映像もU21以下はなかなか手に入らない。そのため、アカデミーでは、数ヶ月に1回のトライアルで良さそうな選手を選ぶ、ライブで視察する、選手の周辺人物に探りを入れるなど、従来通りのスカウティングが行われているケースが多い。

ただ、1回のトライアルで選手の良し悪しが把握できるかといえば難しい。たまたまトライアル当日に体調を崩しているかもしれないし、友人とうまくいっていないかもしれないし、トライアルでの組み合わせが他の選手と合わないこともあるかもしれない。それで二度とチャンスが回ってこないのは、選手のパフォーマンスをフルに測定するための理想的な環境とは言い難い。そこで現在は、プレミアリーグやチャンピオンシップならどこのクラブでも長期的な「タレント確定メソッド」を確立し始めている。

大きく分けて方法は二つある。一つはシャドウスカッドと呼ばれるアカデミーの分身をクラブ外に作るやり方だ。プロクラブのアカデミーにはU9、U10、U11などの年代ごとのチームが存在する。それらのチームと同じ地域でプレーしているグラスルーツ（草の根）のクラブをパートナーにし、そこに自分たちがスカウトしてきた選手を登録させ、各年代の1・5軍的なチームを作るのだ。現時点でアカデミーに入ることはできないけれど、入るポテンシャルはある選手たちを囲っておく場所である。このシャドウスカッドはグラスルーツのチームとして地元のリーグ戦に出場したり、国外で開催されるユースの国際大会に出場したりと、普通のチームとして活動する。元々そのクラブに所属しているコーチに加え、自分たちのアカデミーから週1回アカデミーコーチを派遣することで技術提供を行ったり、指導内容をすり合わせたりしてアカデミーとの親和性を高める。コーチングシラバスと呼ばれるマニュアルもアカデミーと同じものをシャドウスカッドに提供しているクラブもあり、実質的にアカデミーのセカンドチームと呼べるだろう。

　シャドウスカッドでの活躍や日々のプレーはコーチからアカデミーへ毎週フィードバックされる。日常的に選手と接し、間近で選手の成長を目にしているコーチだからこそ見えるものがあり、その知見はトライアルなどの短期決戦では構造的に得ることができない。またクラブのスカウトもシャドウスカッドがあることによって、長期的な選手の学習能力やパフォーマンスの安定感など、普段のスカウティングでは見つけることが難しい選手の特徴を把握することが可能だ。日本でも「名前は違うが実質〇〇の下部組織」と呼ばれるクラブがあるが、それと似ている。

　アカデミーと同じユニフォームや練習着を提供され、毎週アカデミーコーチやフィジカルトレーナーからパフォーマンスのアドバイスを受けることができる点は子供たちにとっても嬉しい。一つのクラブだけではなく、複数のクラブにその役目を果たしてもらっているクラブもある。アカデミーのある年代までは、クラブへの通学時間が指定されているため、エリアごとにシャドウスカッドを保有しているクラブも多い。基本的には7歳から15歳の間の各年代にシャドウスカッドが存在している。7歳から15歳までの年代であれば、同地域のグラスルーツのクラブが多いが、16歳を超えると先ほど紹介したカレッジと提携を結んでいるシャドウスカッドも多い。サッカーのトレーニングや練習施設のみでなく学校の教育までセットでついてきますよ、という売り文句だ。

　このシャドウスカッドが最近脚光を浴びているのはこれまたブレグジットの影響だ。先述した引き抜きの加速の余波を受けているわけである。カレッジフットボールといえばアメリカが有名だが、イギリス版でもプロチームに入るポテンシャルを持った選手は存在し、実際に多くの選手がプロチームへとスカウトされている。

「プレ・トライアル」では何を見るのか

シャドウスカッドに続いて、タレント確定を強化する方法として紹介するのは「プレ・トライアル」だ。プレ・トライアルは名前が示す通り、トライアルの一つ前の段階であり、クラブからスカウトされてきた選手のみで構成されたグループトレーニングである。通常、英語で「トライアル」というと実際のアカデミーチームに混ざって数週間活動を共にし、プレーすることを意味する。従来であれば、試合での視察・スカウト活動を通して目星をつけた選手をクラブに呼び、実際のアカデミーと混ぜて練習をさせ、レベルを見るという流れがトライアルでは一般的であった。練習だけではなく試合にも出場し、指定期間はそのクラブの１人として扱われる。

ただし、これだといくつかの問題点があった。トライアル参加当初のぎこちなさの印象が強く、早々にコーチがトライアル選手に見切りをつけてしまう可能性がある、トレーニングに参加するまでアカデミーの強度を味わうことができない、チームの状況によって選手が得意でないポジションをさせられるといったリスクだ。外部からスカウトされて、いきなりアカデミーの練習についていけるレベルの選手は稀《まれ》である。そのため、選手がスカウトされてから実際のトライアルに進むまでの橋渡しをするのがプレ・トライアルである。

　近年、このプレ・トライアルがアカデミースカウティングの構造に定着しつつある。プレ・トライアルでは毎週1回、もしくは2回、スカウトたちがリストアップしてショートリストに入れた選手をクラブのトレーニング施設に呼んで、アカデミーのコーチ陣がトレーニングを施す。そのトレーニングの強度はアカデミーで求めているレベルと変わらない。プレ・トライアルに参加した選手は皆同じフィジカルテストをクラブ施設で受け、そのフィジカルレポートはスカウトやコーチに共有される。このフィジカルテストでは、アカデミー選手よりも全ての分野で優れている選手が出てくることも珍しくない。2週間に1回は他クラブのアカデミーや選抜チーム、競合のカレッジチームとの試合が組まれ、アカデミーと同じフォーメーションやスタイルでその選手がどのように映るか、適正ポジションはどこかなどが細かくスカウト・コーチ陣にチェックされる。また、トレーニング内容もアカデミーのカリキュラムと同等のものであり、選手がプレ・トライアルからトライアルまで進んだ際に普段のチームとのレベル差に戸惑わぬようにサポートしている。

　プレ・トライアルは通常どの選手も８週間の参加期間が与えられるが、早ければ最短４週間で見切られ、長ければ12週間残され、そこでようやくトライアル参加権が与えられる。クラブの獲得意思によってその期間は左右される。１回のプレ・トライアルで一学年あたり20～25人程度がクラブから招待され、そのうち実際のトライアルに進むのは２人ぐらいだ。もちろん、このプレ・トライアルをすっ飛ばしてトライアルにそのまま進む選手も存在するし、またプレ・トライアル組にもその圧倒的なパフォーマンスによって、すぐにトライアルに進む選手もいる。知り合いの紹介や推薦制度で入れる枠は少なく、基本的にはクラブのスカウトが複数回クロスチェックを行ってゴーサインが出された選手が対象となる。日本でいう「トレセン」に近く、それをクラブが主導で行っているという感じだ。

　プレ・トライアルが開催される目的は長期的な選手評価を下すことに加えて、スカウトの能力測定、さらにはターゲットエリアの選定もある。トライアルよりも多くの選手を呼ぶことができるプレ・トライアルでは、誰が連れてきた選手がどのぐらいの期間残っているか、トライアルまで進んでいるかなどを把握できる。ある意味、裏ではスカウトのテストが行われているのだ。また、どのエリアから呼んできている選手が高いクオリティを出す傾向にあるか、新しい環境に適応できるかといったターゲットエリアの傾向をライブタイムでチェックできる。

スカウトもまた試されている

本章では社会情勢に伴う構造的変化について触れてきたが、これらの影響によってスカウトの選手評価も変わってゆく。例えば短期のトライアルであれば、スカウトはフィジカルや技術といった目につきやすい項目に注目する傾向があるが、長期になってくるとそれらに加えて学習能力や適応能力を見る機会が増える。また長期的に選手を追うと、強みに加えて弱みもはっきりと浮き出やすい。それが今後致命的になるのか、目を瞑《つむ》っておいて構わないのかの判断がしやすくなる。

スカウトもまた試されている

コラム　サッカー界で出会ったフレーズ⑥

Do not sit on the fence.

スカウトの仕事において困難を感じるシーンは多々あるが、その中でも"Concluding thoughts"（意見を固めること）は特に難しい。1人の選手を複数回視察し、様々な判断材料を取得し、最終的に獲得しに行くべきかそうではないかの判断を下す必要がある。自分の上司やスカウトの意思決定者に対してイエスかノーかを伝える瞬間は必ず訪れる。タイトルにある言葉はその場面で「フェンスの上には座るな＝間の意見に落ち着くな」という戒《いまし》めだ。簡単に聞こえるが、実際は難しい。

ストーク・シティでスカウトをしていた時、ロンドンエリアを担当しているのは筆者を含め2人だけだった。ストークはロンドンから電車で約2時間半かかり、頻繁に移籍の意思決定者が訪れることはできない。そのため、意思決定者から日常的にロンドンの選手についてのフィードバックをもらう機会は少なく、「誰をトライアルに呼ぶか」はスカウトに任されていた。朝起きたら急に「ウェストハムのこの3人がU18から放出されるそうだ。誰か1人をトライアルに呼ぶなら誰？　お前が決めろ」とメッセージが届いていることが日常的にあった。そこで「この選手にしましょう！」とメッセージを送ると、本当に翌週にはその選手がストークのトレーニンググラウンドに招待されており、トライアウトを受けていた。

この状況はストークで多々あり、外したこともあるし（つまり選手評価がクラブから微妙だった）、当てたこともある。ただ、トライアウトの結果よりも、すぐにアクションプランをクラブに提案しなかったことに対するプレッシャーの方が強かったように思う。トライアウトにそこまでのレベルじゃない選手を呼んでしまうこと以上に、ダイレクター陣のアクションの足止めをしてしまうことの方が、クラブにとってはマイナスと考えられていた。トライアウトに呼んだ選手がダメな場合には、それ以外の選手に当たろうとアクションプランを進めることができる。だが、スカウトが迷って迷って結局わからないと匙《さじ》を投げたら、時間を奪った上にタレント確定のステップを何も進められなくなる。もちろん外し続けるとさすがに意思決定者からお咎《とが》めを喰らうが。

ダイレクターが自分に選手評価を求めてきた時、彼らは単純にその選手がどんな状態なのか・どんな選手なのかを聞きたい場合と、アクションプランを一段階進めたい場合に二分される。選手評価について知りたいだけの場合は「フェンスの上に乗った」意見でも問題ないが、「あれ？　これは自分の意見で次のアクションプランが左右されそうだな」と感じ取った場合は、相手が次の施策を出来るだけ打ちやすい意見を提供する必要がある。つまりイエスかノーかをはっきりと伝えなくてはならない。

そのためにも自分の中に最終判断の基準を設けておくことが必要だ。実はこれ、全てのスカウトができているわけではなく、やってみると案外難しい。皆さんにもエクササイズとして次のレッスンを行ってみてほしい。

よく見るチームの選手を5人頭の中にリストアップして、その選手たちを「良い」か「悪い」かのどちらかに分類してほしい。「いや、〇〇に関しては良いけど××は悪いかな。どっちかなんて決められないよ」とフェンスの上に座らずに、ここではきっちり分けましょう。すると、頭の中にぼんやり抱いているポジティブ、もしくはネガティブなイメージが浮かび上がる。この選手は絶対に良い！　うーんどっちかなら悪いかなー……など、その選手に対するイメージを持っていると思う。

この次がポイントで、その答えを出した際のThought Process（思考回路）を結果から考えてほしい。様々な要素に思考を巡らせたが、結果的に「良い」と判断した経路を自分でチェックするのだ。これがconcluding thoughtsにとって必要なことである。何がその選手を「良い」に分類する決め手になったのか？　その決め手は本当に決め手であると実証、検証されているのか？　その決め手はフットボールにおいて必要な要素なのか？　その決め手は自分の基準なのか、それともクラブの基準なのか？　良い点と悪い点を天秤《てんびん》にかけられているか？　など、自分の考えの経路をそこで隅々まで調べ尽くす。その癖をつけておくと、いきなり意見を求められた時に自信を持って返答できる。

第7章

育成世代の選手と
プロでは何が違うのか

育成サイクルを一周りして気づいたこと

イングランドでスカウトの活動を始めてからおよそ4年が経った。渡英当初見ていた16歳の選手が20歳となり、ようやく育成年代のU16からプロまでの過程を一サイクル視察することができた。その中で、イングランド、特にロンドン地域でプレーする選手やチームのスタイルに共通点が見えてきた。本章ではそうしたピッチ上におけるトレンドや特徴を紹介する。

トレンドとはいえど、ロンドンのフットボールシーン全てを代表するわけではない。異国と自国の文化が混ざり合い、ハイブリッドなフットボールが生まれ育つ土壌を作り上げているロンドンを一括りにすることはできない。イングランドDNAと呼ばれる、国としての育成計画の大きな指針はあるものの、その解釈はテクニカルスタッフによって様々である。文化、人種が入り混じり、年代別からA代表まで合わせるとおよそ6割が二重ないしは三重国籍のイングランドにおいて、そのフットボールデモグラフィを一括りにして語ることはできないことは百も承知だが、力技でまとめていく。

アカデミー世代の二つのスタイル

まず、アカデミーの選手たちにはどんな特徴があるのか。それを知るにはロンドンの育成傾向を把握する必要がある。ロンドンのアカデミーU16以上のチーム構築戦略は大きく二つに分類できる。一つ目が強いチームを作る戦略。戦術的複雑さを持ち合わせたプレースタイルを採用し、戦術理解力やポジショニング、コンビネーションプレーなどの要素に比重を置いたゲームを繰り広げるチームを構築する戦略である。

メリットとして、プレースタイルが確立されており、「チームとして強い」ことが挙げられる。プレミアリーグでも見られるようなＭＦボックス、偽サイドバック、可変フォーメーションなどの戦術アイデアをピッチ上で実行する。ただし、このプレースタイルの特徴はボールポゼッション時、特にオープンプレーのビルドアップや中盤でのプレーに限定されており、全ての局面で効果的にプレーできるチームは実のところ少ない。フィニッシングやボックス付近でのディフェンスは個人の能力に任せられている印象だ。選手一人一人のアジリティやテクニックレベルが高く、プレースタイルに合った選手が育成されている。その一方で、個々の目に見えやすい特徴は見当たらないことがある。全員が等しくどのポジションでもプレーできるほど技術力と戦術理解力がありそうだが、パッと目を引く特徴はなかったりする。

これに対し、もう一つの戦略は、個人主義とも言える「プロに売れる個人を生み出す」ことをベースにチームを作り上げる手法だ。こちらのチームの戦術面は非常にシンプルで、伝統的なフォーメーションに沿った従来通りの役割を選手たちがこなし、対人能力や個のクオリティが目立つ試合を作り出す。１対１のデュエルで勝てる選手を各ポジションに置く。

こちらの戦略の最たる例がチェルシーとクリスタル・パレスのアカデミーだ。迅速で予測不可能なドリブルを繰り出し、スピードで相手を抜けるウインガー。パスはもちろん、ボールコントロールとキャリーができるパワフルなボックストゥボックスのミッドフィルダー。アジリティとスタミナ、スピードがあり、攻守にわたって存在感を出すサイドバック。このように各ポジションに個人の特徴である速さ、強さ、巧さがわかりやすい選手、従来のポジションプロファイルにドハマりする選手が揃っている。その分、オーバーラップしてくるセンターバックや、意図的にローテーションで相手のミッドフィルダーとディフェンダー間のスペースを空ける方法、プレーメイカー的なウインガーといった、応用的な戦術や選手配置を取るチームは皆無ではないとはいえ少ない。このタイプのチームは試合の中で一貫したス

クリスタル・パレスのアカデミーの試合風景

タイルは見えないこともあるが、ファイナルサードや守備の対人といった、点の決まる場面で違いを生める選手が多い。

こうしたチーム構築戦略の違いに良し悪しはなく、ユニットやチームとしての優位性を使うか、個人の優位性を使うか、どちらを軸に置くかというフットボール哲学の話だ。また0か100かの話ではなく、20-80ぐらいのバランス感で捉えてほしい。今では個を育てつつ、チーム戦術を応用まで落とし込むハイブリッドなチームも増えてきた。とはいえ個人を鍛えながら複雑なチーム戦術を実行し、結果を出しているのはマンチェスター・シティくらいで、それ以外のクラブはどちらか片方のスタイルに寄っている。

スカウトが言う「プロに入る準備ができていない」とは

二つのタイプどちらにも当てはまるトレンドは、どの選手もボールを保持するスキルやチームでボールを動かす能力が他の能力と比べて高いことだ。どのチームもポゼッションのトレーニングには非常に時間を割いているようで、ボールを扱えない選手にポジションはないと言えるほど、どのポジションでも一定レベル以上のボールさばきを求められている。体をオープンに開いて選択肢を増やすボールの受け方、柔らかいファーストタッチ、パスオプションを作る動き、パスコースへの入り方、コントロール、ショートパスの精度。これらはチームのタイプにかかわらず、多くの選手が優れたものを有している。

このように、ボールを受けてリリースすることに関しては問題ない。だが、フットボールの試合はそれだけではない。ファイナルサードでの仕掛けとフィニッシング、インテンシティの高いデュエル、守備時のマークとボール奪取、ボックス付近でのエマージェンシー（緊急）ディフェンスについては、プロで通用するものを持ち合わせている選手は少ない。

これに加えて、スカウトが多く口にすることは選手のマインドセットの部分。トライアルなどでも“They are not willing to take on defenders.”（この子たち全然仕掛けないな）や“They are not progressing.”（ボールを前進させないな）といった言葉がスカウト間で飛び交う。ボールを失うことを恐れているのか、はたまた安全なプレーを選択する癖がついているのか、相手と対峙《たいじ》した際に抜き去る、もしくはパワーでゴリゴリとボールを前に進む選択肢を取ることには慎重になりすぎている印象がある。

他にも逆境から立ち上がるレジリエンスや「スイッチオン（常に試合に入っていること）」など認知的な側面がなかなか発展しづらいと言われることが多い。U16～U21は大人に近づいているとはいえ、まだ育成年代であるためプロと同レベルを求めるのはフェアではない。しかし、ブレグジットの影響で国内の若年層タレントの取り合いが激しくなり、プロデビュー年齢も年々下がっている状況を見ると、出来るだけ早くプロで通用する選手を育成することの必要性は右肩上がりだ。ところが、こうした能力やマインドセットのギャップによる、アカデミーからプロへの橋渡しの難しさという難題が立ちはだかっている。

このギャップが頻繁にスカウトの間で議論になる。プロクラブのアカデミーから輩出される選手と、プロクラブのファーストチームが求める選手像の間で乖離《かいり》が起きているのだ。「プロに入る準備ができている子が少ない」とスカウトたちは言う。一体どういうことなのかを、イングランドの若手選手のキャリアの流れとともに詳しく解説する。

「期待の新星」が挫折する理由

まず、当然だがプロは狭き門で、イングランドのアカデミーの選手がプロ選手（1部から4部まで）へと昇格できる確率は全体の1割を切る。プレミアリーグのファーストチーム昇格となるとさらに下回り、0・03％ほど。そこから定期的に試合へ出場するレベルへと到達する選手は毎年2、3人である。それ以外の全てのアカデミー出身選手は2部以下のクラブへと生きる道を探さなければならない。

しかし、欧州中堅国と同じ競技レベルで、なおかつ彼らよりも潤沢な資金を持っているチャンピオンシップ（イングランドの2部リーグ）はもはや、レンタルに出された若者をじっくりと育て、成長を見守ってくれる場所ではない。プレミアリーグ期待の若手だろうと、戦力とみなされなければベンチにも入れない。平均年俸1億円を超える選手でチームを固め、近年では5億、10億円の移籍金を支払って、プレミアリーグに昇格するための選手を揃えるチャンピオンシップ。そこへレンタルに出され、戦力とみなされるのはプレミアリーグ上位アカデミーに1人か2人いる「超有望株」だけだ。

チャンピオンシップはユーロ２０２０のリーグ別代表選手所属数が世界全体で6位に入るほど、各国の代表選手が当たり前にいる場所である。そのため、アカデミーの「有望株」の選手は3部、4部、5部へレベルを下げてレンタル先、もしくは移籍先を探すのが現実的。プロクラブのアカデミーの「平均的なレベル」の選手はさらに下部の6部、7部、8部へとプレー機会を求める。なぜこのような現象が生まれるかというと、アカデミーの選手たちが慣れ親しんだ「育成」をテーマに掲げるアカデミーのゲームとプロのゲームでは、異なる様

スカウトの移動でよく使うウォータールー駅

相をもつからだ。

　アカデミーの多くの試合を見ると、ポゼッションのインプレーに多くの時間を費やしている。いわゆるボールプレイングタイムが長い。選手もその局面に慣れており、力を発揮できる。だが、大人のリーグで勝利を掴み取るには、試合の他の局面でも効率的、かつ効果的にプレーできなければならない。カウンター、空中戦、セットプレーなど、勝ち点を取れるのであればどんな手段も使う。

　ポゼッションに関しても、実はアカデミーのレンタルプレイヤーよりその能力に長けている選手が3部から6部まで揃っている。なぜなら下部リーグの選手たちもまた、その昔はプロクラブのアカデミー出身の若者だったからだ。プロクラブのアカデミーを卒業し、プロやセミプロで5～6年の経験を積んだ選手に能力で勝るアカデミーの選手はほんの一部である。イングランドＤＮＡという育成ビジョンの導入から10年以上が経過し、多くの下部リーグの選手もテクニカル、タクティカルなレベルが上がっているのだ。

　また、一つの試合が持つ意味合いも違う。イングランドでは7部や8部のクラブでさえ数百人のサポーターが毎週試合を観戦し、その勝敗がダイレクトにクラブのプライドやコミュニティに影響を与える。ひどいプレーをすればＳＮＳで叩かれ、クラブファーストのイングランドでは「この選手はこのクラブにふさわしくない」と批判を受ける。プロセスよりも結果を出すことが正義に近い。そこにアカデミーの選手たちは今までのアカデミーのゲームとの違いを感じるのだ。どこも１００年以上の歴史があり、クラブのコミュニティとサポーター、クラブハウスと専用のグラウンドがある、れっきとしたクラブチームなのだ。アカデミーの選手は初めてクラブの名前を背負い、いわゆる“Men's Game”の洗礼を受ける。

彼らのインタビュー記事を読むと、アカデミーの試合との違いに衝撃を受けていることがよくわかる。よほどのマインドセットではないと、「相手に飲まれる」試合が毎週続くのだ。育成年代で騒がれたドリブラーも、４部にレンタルされて、ベテランのサイドバックに簡単に動きを読まれ、高速のタックルを叩き込まれプレーをさせてもらえない。そこで面食らう。このような能力差とマインドセットの違いを指して、スカウトたちはまとめて「プロになる準備がまだできていない」と言っているのだろう。

とはいえ、やはり若者の成長は素晴らしく、１年間だけでもそんな環境でプレーすると、ポテンシャルがある選手はすぐに慣れ始める。修業を経て大人のインテンシティにも慣れ、切り返しがもう一つ深く、パスがもう数センチ正確に、空中戦にもう一歩勢いを持って踏み込めるようになる。またサポーターやメディアのプレッシャーに晒《さら》される中で結果を残すことができるようになる。3部のチャールトンにレンタルに出ていたクリスタル・パレスのジェスラン・ラク＝サキやボルトンにレンタルに出ていたフルハムのマーロン・フォッシーなどは典型例で、アカデミーに所属していた時よりもプレーの幅（チームに貢献できる局面の数）と深さ（各局面で持てる選択肢の数とクオリティ）が一段とレベルアップしている。そういった大人のチームにレンタルに出された組を見ると、ポゼッション時のクオリティはもちろん、ハイプレスや長距離のカバーリング、ボックス付近のディフェンス、空中戦など様々な局面の能力が総合的に上がっている。プロになる下地が整っているように思える。

やっぱりフィジカルは大事

ではもっと時間を巻き戻して、プロクラブのアカデミーに入る前の段階の、主にグラスルーツやカレッジ、ノンリーグのアカデミーからスカウトされる選手たちにはどのような特徴があるのだろうか？

まずスカウトされやすいのはフィジカル的な特徴＋プレッシャー下でのスキルを高いレベルで有している選手だ。これは年代を問わずスカウトの会話で頻繁に口にされる選手の特徴である。フィジカル的な特徴をもう少し噛《か》み砕くと、長距離を走る際のスピード、短距離の加速、ブレーキング、方向転換、体重移動、強さ、スタミナ、パワー、ジャンプなどだ。「いやそれ全部じゃん！」と思ったあなた、まさしくその通りである。フットボールに関係する身体的特徴はいくつもあるが、そのどれかに他の選手と一線を画す能力があればスカウトの目に留まりやすい。スカウトが上司からある選手について意見を求められた際、なんでもそれなりにできる、もしくは全ての能力が平均的である選手についてコメントするのは非常に難しいのだ。アピールポイントを言語化しづらいからであろう。また、特徴がある選手の方が意思決定者の記憶にも残りやすい。全てが他と別格な選手は例外だが、そんな選手はなかなかいない。

　この現象は実際に、ラグビーのスカウトを対象に行われた実験でも証明されている。その実験の中では、ラグビーのスカウトが複数名の選手の映像を見せられて、それぞれの選手に対してスカウトレポートを書く一連の仕事を行う。ラグビーのスカウトが「特に悪いところもいいところもなし」と判断を下した選手は「悪いところもあるが、目に見える身体的強みがある選手」よりも意思決定者に推薦される可能性が低かったのだ。この現象と同様に、サッカークラブのアカデミーにも身体的特徴が見えやすい選手が多くスカウトされ、トレンドを形成していると推測される。ちなみに身体的特徴の中でも特に高さ、速さ、強さはいまだに説得力のある判断材料としてスカウトが注意深く観察している。

プレッシャー下でのスキルは読んで字のごとしだが、プレッシャーを受けた際にパスやボールコントロールがブレないこと、そしてフィジカルコンタクトが生じてもボールを失わないことなどである。特に、ピッチにボールを運べる選手は重宝されている。近年のデータによると、プレミアリーグのクラブでプレーする選手たちは他の5大リーグと比べてピッチの中盤とファイナルサード、ボックス内への侵入方法としてパスよりもボール運びの割合が高いと出ている。自らボールを運べる能力はプレミアリーグからアカデミーまで一貫して大切にされているようで、やはりアカデミーでもストライドが大きかったり、スピードを変えながらボールを自分で前進できる選手が増えてきたように思える。

4年間ずっとタレントが枯渇している、あるポジション

最後に、あるポジションの需要のトレンドについて話をする。筆者がイングランドに来た2019年からずっとタレントが枯渇しているポジションがある。左サイドバックだ。この

4年間、ロンドン中のスタジアムやグラウンドで他のクラブのスカウトと話をしてきたが、左サイドバックはいつでもどのクラブでも追っていた印象だ。“We are looking for a left-back……”がもはやスカウトの会話の枕詞《まくらことば》かのような時期もあった。２０２３年3月にイングランド代表監督のガレス・サウスゲートがインタビューで発した「イングランド人の左サイドバックがプレミアリーグに少ないので、チャンピオンシップも見ている」というコメントからも、高いレベルでプレーできる左サイドバックは稀有《けう》な存在であることがわかる。

この原稿を書いていた２０２３年7月にちょうど、チェルシーがエバートンU18に所属する17歳の左サイドバック、イシュ・サミュエルズ＝スミスを約7億円の移籍金で獲得間近という報道が出た。この年代で、しかも他のポジションに比べて移籍金は低めに設定されるディフェンダーでこの値段は、数年前までの常識だと非常に高い。だが、ここ数年の左サイドバックの数やレベルを考慮すると２０２３年時点では妥当と言えてしまう。また、この移籍はチェルシーのトップチームではなくU21チームにおけるものであり、アカデミー間の移籍で7億円が動いているという点を考慮すると、その値段の高さが一層際立つ。

チェルシー以外のアカデミーU21でも左サイドバックを確保することは毎シーズンの課題となっており、プロのアカデミー間の移籍だけでなく、そのタレント探索はノンリーグにも

チェルシー U19 対フルハム U19

及んでいる。偽サイドバックやほぼほぼウインガー的な攻撃の局面で特徴が出るサイドバックがいる一方で、クラシックな上下運動が持ち味のサイドバックもまだまだおり、その種類は多様である。

なぜこんなにも左サイドバックは足りないのであろうか？　筆者なりの考えと、周りの意見を参考に仮説を立ててみた。まず、そもそも左利きの選手が少ないことが挙げられる。2009年に発表されたイングランド、フランス、ドイツ、スペイン、イタリアの5大リーグでプレーする選手を対象にした利き足検査では、右利きの選手が6割弱であるのに対し、左利きは2割ほどだった（残りは両利きと回答）。とはいえ、どのクラブにも実は数人、左利きのサイドバックは存在する。つまり、プロクラブのU21やファーストチームに上がるクオリティを持っている左サイドバックが少ないと書いた方が正確だ。

クオリティを持った選手が少ない理由として、サイドバックがある年代までは存在しないポジションであることが考えられる。イングランドはリーグのレギュレーションとして、5対5、7対7、9対9と選手の年齢に応じて試合に出場する選手の人数が増加するが、U13／U14の11対11になるまでサイドバック専門のポジションはほぼ存在しない。もちろんワイドの選手にサイドバック的な役割を担わせることは可能であるが、11対11の11人の中のサイドバックとしてプレーする機会はない。そのため、ストライカーやミッドフィルダー、センターバックやゴールキーパーと違ってポジションの専門的な指導を受ける時間が短い。

また守備のみでなく、現代のフットボールでは攻撃における戦術的キーパーソンとしても重宝されているこのポジションでは、スカウトの期待値が上がりすぎている印象も受ける。守備で対人に圧倒的に強く、攻撃では攻撃の起点作りからフィニッシュへの関わりまでくまなくプレーできる選手はそもそも多くない。基本的に他のポジションは欲しい選手像に当てはまる項目の加点方式だが、サイドバックに関しては「これができない、あれができない」と理想の選手像からの減点方式で選手が評価されているのではないかと個人的には感じる。

このポジションが少ないことの他の理由としては、イングランド人の左サイドバックで子供たちが憧れる現役の絶対的なロールモデルがあまりいないことや、アカデミー内でのトレーニングの時間の多くをポゼッション時の指導に費やしているため、個人の守備能力が大きく上がっていないなど、様々だ。ただしこれらの理由はほとんどがあくまで推測であり、実際は何が原因かはわからない。

このように、ピッチ上にもイングランドに特有の傾向や流行がある。イングランドのフットボールはプレミアリーグという横のつながり（同レベル）で見るのも面白いが、縦のつながり（育成からアマチュア、セミプロ、プロまで）を知ると選手の理解に深みが生まれてさらに面白い。プレミアリーグに現れる傾向や流行を知るために、下部リーグと育成をぜひ見てほしいと願う。

コラム

サッカー界で出会ったフレーズ⑦

“Fans know the best. Sometimes.”

フットボールを理解しているのはファンか？　スカウトか？　みたいな話はよく議論になる。筆者もおそらくスカウティング業界のことや内部の事情については多くのファンよりも詳しいと思うが、特定のクラブの歴史や選手についてはファンの方が確実に詳しいだろう。ストーク・シティでスカウトをしている時もアカデミーのスカウティングシステムや求めているもの、選手のレベルはある程度把握していたが、トップチームの選手がどのようなキャリアを辿ってきたか、クラブの歴史と紐《ひも》づいたアイデンティティについてはスタンドで選手を見守るサポーターの方が何倍も詳しかった。

“Fans know the best.”（ファンが一番知っている）はジョークとしても、本心としても当てはまる。例えば、ネット上にオフィシャルの情報が出ているようなプロのリーグであれば自分である程度リサーチをして情報を探すことができるが、7部やU16など運営元のリーグが公式に情報を出さない場合は選手のプロファイル検索が非常に難しい。目の前でプレーしている選手なのに名前さえわからないこともあった。ブレイク中の若手のプロファイルを探ろうとしても、どこにも情報がないことがほとんどだ。このような場合、スタンドにいるサポーターや選手の保護者らしき人に話しかけて情報を手に入れて、取得した情報を後から裏づけすることが多かった。自分がなんでも知っているとは思わずに様々なソースから情報を得る。裏づけはしっかりとる。戒めとして覚えている言葉だ。

第8章

スカウトという職業の生態

今までの章では、スカウトの仕事内容や観察対象について話をしてきたが、この章では日々スカウティングを行うスカウトという人間そのものについて詳しく見ていく。あくまでイングランドで触れ合った方たちの人間像を基に話を構成するため、日本や他の地域であれば違う人間像があるだろう。また、イングランドではほとんどの場合、スカウティングにおける選手発掘、確定、獲得で関わる担当者が変わる。スカウトと括られる人間が主に行うことは選手発掘と獲得のための情報収集である。そんなスカウトという役職・人間を、バックグラウンド、求められる能力、他のテクニカルな職業との違いの3点に絞って解きほぐしていく。

共通点はほとんどないが人種とジェンダーは……

まずスカウトにはどんな人間が多いかについてだが、身も蓋《ふた》もない結論は「どんな人間もいる」だ。他の職業でも同じだと思われるが、一括りに代表的な人物像を描き出すことは非常に難しい。筆者がよく知るスカウトを思い浮かべてみても、彼らに共通することといえば「人間である」ということぐらいで、コミュニケーションの取り方、バックグラウンド、集中力、物腰、意見の伝え方、ワークエシック（職業倫理）、コミットメントなどは共通点が少ない。

イングランドではよく業界の先輩方に“Find your way.”（自分のやり方を見つけろ）と言われたが、4シーズンを終えた今、このアドバイスはまさしくその通りだったと感じる。生まれ持った性格や認知的、身体的特徴は問わずどんな人だってスカウトができるのだ。

「話す」行為については、実際にスタンドで現地のスカウトと触れ合うと感じるが、人とのコミュニケーションが大好きで試合中に目に映る全てのものにジョークを作り出すスカウトもいれば、寡黙《かもく》で他のスカウトと話すのを避けるオーラを発しているスカウトもいる。物腰が柔らかく、いわゆるスモールトークと呼ばれる相手との距離を縮めることを大切にするスカウトもいれば、最初から最後までビジネスに特化した情報しか聞かないスカウトもいるのだ。

コミットメントに関しても、四六時中フットボールに触れ合いたい根っからのフットボール狂がいるかと思えば、フットボールはあくまで仕事で、それ以外の時間は家族と遊んだり仲間とゴルフを楽しんだりしている方もいる。視察スタイルもまたバラバラで、練習から全部見る人・見ない人、最後まで試合を見る人、渋滞に巻き込まれないように後半70分で帰る人などみんな自由である。この違いには良し悪しがなく、皆それぞれのフットボールへの向き合い方がある。

ただし、人種的、ジェンダー的な偏りはそれなりにある。人種に関していうとイングランドのスカウトはほぼ白人で、スカウトブースでは日本人スカウトどころかアジアにルーツを持つスカウトさえ姿を見ない。たまに「イングランドで日本人としてスカウトをしていると、甘く見られたり、舐《な》められたりすることってありますか？」と聞かれることがあるが、アジア人であること、アジア人の見た目であることが不利に働いたことは一度もない。むしろ、東アジア人の見た目は筆者にとってプラスに働いた。単純に顔を覚えられる機会が多かったし、相手も興味深く話をしてくれる機会が多かった。基本的に、スタンドのスカウトブースでノートを取っていると人種がどうこうよりも、どこのクラブのスカウトなのかを気にする人の方が多い。ある意味、そのクラブで働いていることが相手の審美眼に対する認定書となっているのかもしれない。

このようにスカウトのコミュニティに入っていくには人種は関係ないわけだが、英語力は必要不可欠である。イングランド人は英語が拙《つたな》い人間に容赦がなく、相手も英語の先生でもないため、コミュニケーションが取りづらいなと感じるとあからさまに話してこなくなる。

マンチェスター・ユナイテッドのスカウト陣

筆者も多く体験した。特にサッカー界ではそう感じる。日本人選手を探していて日本とのコネクションを欲しているなどの特殊なケースを除いて、スカウトブースには英語を話せない相手を気遣うような優しい雰囲気は存在しない。

　またジェンダーにも偏りがある。スカウトは99%が男性だ。現場で出会ったことのある女性スカウトはノリッジ・シティのHead of Emerging Talentを務めているマリエラ・ニソタキさんと、チェルシーアカデミースカウティングの重鎮であるフィオナさんの2人だけだ。マリエラさんはノリッジ・シティがプレミアリーグに昇格したシーズンの戦力を発掘してきた方で、フィオナさんはカラム・ハドソン＝オドイやリース・ジェームズ、タミー・エイブラハムをチェルシーに連れてきた方だ。このことからもわかる通り、2人とも業界内でその名前を轟《とどろ》かせている。ただ、全体の人数で見ると男女比は1万対1ぐらいだろう。人種とジェンダーの2点についてはこのように偏りがあるが、その他の点については非常に多様で、こうでなければという縛りもない。

元プロ選手かどうかは関係ない

スカウトのバックグラウンドについて読者の方が気になることといえばおそらく、元プロサッカー選手でないといけないかどうかだと思われる。「サッカークラブのスカウトをやっています」と誰かに伝えると、「田丸さんって選手の経験がないのにスカウトをやってるんですか？」と、驚きを含めて聞かれる。だが実のところ、イングランドでも日本でもスカウトの仕事を探す時に、選手としての経験がその合否を分ける材料であったことはない。というよりも、クラブとの面接や書類審査の際に「プロ選手の経験はありますか？」と聞かれた記憶さえない。仕事が決まってから、何かのタイミングで身の上話として、「そういえば田丸ってどっかでプレーしていたの？」とか「ポジションどこだったの？」とか聞かれることはあるが、仕事をもらえるかどうかの場面で、プレイヤーとしての経験をクラブ関係者から聞かれたことは一度もない。

そういう意味では、先述の質問は業界人よりもサッカーファンやサポーター、もしくはサッカーにそこまで興味がない方に聞かれることの方が圧倒的に多い。それが悪いと言いたいわけではなく、世間では単純にスカウトの情報が少なく、触れる機会がないためにスカウト＝元プロ選手という固定観念が出来上がっているのだろうと思う。

現実は、元プロであろうと、そうでなかろうと関係ない。イングランドにどちらもいるという事実が存在するだけだ。元プロでないとスカウトになれないわけでは全くない。ただし、元プロであるとそれだけクラブやサッカー業界の関係者とのつながりが存在する上、パフォーマンスでも細かいニュアンスを汲《く》み取ることができると予測される。そういった点では必ずプラスである。筆者自身、サッカー業界に入る際はもちろんのこと、その後仕事を探す際にもコネクションのなさに度々悩まされてきた。イングランドではスカウト職の一般公募があるものの、その倍率はボランティアのポジションであろうと１００倍超えである。正直、圧倒的な経歴と業界内での能力バリデーション（認められていること）があるスカウト以外は通過できない。筆者も40回以上応募し、何回かはインタビューまで到達できたものの、実際のポジションを勝ち取ったことはない。

とはいえ、繰り返すが元プロじゃなくてもスカウトになることは不可能ではない。欧州で年々増えているスカウトのリモートインターンポジションに応募することもできるし、リクルートメントアナリスト（スカウト部門の分析官）になるための講座や学位もでき始めた。また、筆者もその1人だが、SNSを通じて業界人に拾ってもらうという手もある。手が足りていないクラブに「インターンのスカウトをしたいのですが……」と直訴してみるのも手だ。また、知人の中には、欧州で開催されている業界関係者が集まるフットボールカンファレンス的な場所で自身のデータスカウティング資料をプレゼンしまくって、ブレントフォードのデータスカウトになった人もいる。それぞれ再現性がどれくらいあるかはわからないが、様々なやり方で試行錯誤するしかない。

選手のパフォーマンスを見抜く審美眼については、プロ経験がないからダメとも、あるからいいとも言えない。プロ経験の有無にかかわらず、認知機能と意思決定力の強さが知られているスカウトはたくさんいる。

ただし、実感として一つ言えることがある。イングランドで試合を見始めて4年が経つと、各リーグや選手のレベル感が鮮明に「見え」始めるのだ。これは視察や分析という行為を様々なレベルとスカウトの局面でひたすら繰り返したからであろう。見るという行為だけでも膨大に積み重ねることで選手のレベル感を査定する能力はある程度身につく。だからこそ、視察と分析に加えて実際にその近辺のレベルでプレーした経験が自身にあれば、より一層細かなニュアンスを拾い上げることができるだろうなとも感じる。また、実際の試合の中でどんな選手がチームにいると助かるのか、うまいのに活躍できないのはどんな選手なのか、練習と試合の境界線を選手が行き来する際にどのような影響があるのかなど、チーム内のケミストリーや選手の性格的な部分を読み取る際に、元プロ選手としての経験が生きるのではないかと勝手に思っている。

スカウトに役立つ能力とは

ここからはより具体的に、イングランドで出会ったスカウトたちが持っていた能力や、自分が必要性を感じた能力について話したい。あくまで実体験に基づく要素を選び出しているため、国や地域、個人によって変わるだろう。

まずはフットボールにコミットする認知判断力だ。表現が難しくてわかりづらいので具体例を出すと、オンラインでもグラウンドでも毎日試合を見続ける体力と認知判断能力があるかどうかということだ。シンプルに聞こえるかもしれないが、これがやり始めると意外とエネルギーを使う。

イングランドに住んでいると、よく自分よりも若い現役の大学生から「フットボールが大好きで、スカウトになりたいです。一度会ってアドバイスをください」とメッセージをもらうことがある。そこでよく「オッケー、じゃあカフェで会うのもなんだし、今度○○で試合があるからそこにおいでよ。チケットこっちで買っておきます」と返すのだが、実際に現れるのは10人に1人程度。残りの9人は、直前で連絡が途切れたり、何か他の用事でキャンセルしたりと、そもそも試合に来ないのだ。メッセージをくれた方たちが大学生でフルタイムの仕事を持っていなかったことを考えると、試験などの特別忙しくなる時期を除いて、おそらく1回の試合視察くらいは不可能ではない。じゃあ彼らがフットボールのことを愛していないのか。そんなことはない。愛しているに決まっている。スカウトになりたくて、わざわざ見ず知らずの筆者にメッセージを送っているのだ。ＳＮＳを覗《のぞ》いても、頻繁にフットボールに関する投稿をしている。

つまり、愛しているという気持ちだけだと、どうしても気分や体力次第でアウトプットが疎《おろそ》かになる。気持ちで終わらせず、認知判断力を鍛えて、自分を強制して試合に向かわせ

Tooting and Mitcham（8部）のスタジアム前にて

る（コミットする）必要があるのだ。友人のパーティーや誕生日会、知り合いとパブに飲みに行くなどの楽しい予定が入っても、それを我慢して試合へ行く判断をしなければならない時がある。

　試合に行くのがめんどくさい気持ちもわかる。プレミアリーグならまだしも、6部の誰も知らない試合に、遅延しまくる電車に乗って1時間半かけて向かい、凍える寒さの中で観戦するのは正直、心身ともに疲れる。が、そこで「行く」という判断を下せるとスカウトとして強い。試合に行き始めると知識が積もり、ワークエシックが整って、スカウトとつながる機会も増える。リモートのオンラインスカウトもラップトップの前に2時間座って試合を見続けるのはなかなか集中力がいるので、慣れておいた方が良い。スカウトになってからスカウトと同じようなワークリズムを構築するよりも、スカウトになる前からそのリズムを作っておいた方が絶対に良い。今までイングランドで出会ったスカウトたちの中でも、特にビッグクラブのフルタイムスカウトはこうしたコミットが段違いだった記憶がある。

　次に、もし海外でスカウトを志すのであれば、英語力・第二外国語力は必須だ。最初に話した通り、その文化圏への「パスポート」になるものだし、業界内でのバリデーションを培《つちか》うためにも絶対に伸ばしておいた方が良い。

語学力を伸ばす上で役に立つであろう三つのポイントがある。１点目はその言語のネイティブの会話のテンポに出来るだけ近づけること。頭の中でゆっくり翻訳してそれを少しずつ口に出す英会話だと多くの場合、相手は途中で飽きてしまい他のイギリス人のスカウトへ話しかけに行ってしまう。頭の中で日本語訳せずに会話する癖をつけておくと、スカウトブースで話を弾ませることができる。

２点目は文章で話すこと。パーティーで友人を作るのであれば、言葉は多くなくとも人としての魅力と単純なフレーズでやりくりできる。だが、スカウト間ではしっかりとしたコミュニケーションが必須である。「８番の選手についてどう思う？」と聞かれた際に文章をパパッと出せるように力をつけておくと身を助ける。

３点目は業界内で使用される言葉やフレーズを身につけておくことだ。日本語でもそうだが、サッカー界で使用される英語はネイティブの人が聞いても謎なフレーズや単語が多い。たくさんのスカウトと業界関係者、メディアに触れてフットボールに特有な表現を学んでおくとスムーズに会話の内容を理解できるだろう。

最後に必要な能力は、知識と情報を更新し続ける力である。イングランドのスカウト求人では“Extensive knowledge of ○○ areas.”（○○の地域でプレーする選手に明るいこと）

という文章をまだ目にする。実際、筆者自身も就職の面接で「△△の選手をよく知っているか？」と聞かれたこともある。つまり、今△△の地域でどんないい選手がいるか教えてくれということだ。現時点での選手の情報も即効性があり大切だが、それ以上に、毎年溢《あふ》れ出てくる新しい選手を追ってアップデートし続ける力の方が個人的には大切だと思う。

そもそもスカウトが持っている選手の情報は多くが水物で、数ヶ月、もしくは数週間経つと賞味期限の切れた情報となってしまう。現在のフットボール界はその情報サイクルが非常に早く回るため、毎週そのセンターステージに立っている選手は違うし、状況も変わってくるものだ。だから、現在自分が保有している情報にしがみつくのではなく、情報にはそもそも賞味期限があるのだと考えて、常に新しいものにアクセスし続ける、もしくは新しい情報が入ってくるストリーム（流れ）を自分で作っていくことが大切だ。

自分が最初に得た情報に固執してしまうと、選手の評価を歪《ゆが》める認知バイアスに陥りやすい。最初にある選手を見た時の印象が良ければ、その後もきっと良いはずであるという半ば幻想を抱いてその選手を追い続けてしまう。実は、同じ選手に対する意見が変わっていくことはスカウトにとって決して悪いことではない。選手の評価はクイズのような正解・不正解を決めるものではなく、手書きの地図を作成するようなものだ。間違っているなと後から気づく点があれば少しずつ修正していき、事実に出来るだけ近い形にまとめていく作業だと思う。

本章に記したスカウト像はこれまでにも取り上げたデジタルトランスフォーメーションや分類化が進むと、それに相まってさらに変化していくだろう。

コラム

サッカー界で出会ったフレーズ⑧

"Don't be afraid to walk away."

オリー・ライマン。筆者が初めてチェルシーのプレ・トライアル（チェルシーのU18本チームに練習参加する前にスカウトされた選手だけを集めて8週間に及ぶフィジカルテスト・練習・試合を行うプログラム）に呼んだ、当時16歳の左サイドバックだ。彼を初めて試合で見てから2年以上が経つが、今でもその時のことを鮮明に覚えている。

ロンドンから南西に電車で約1時間半行った場所にFarnhamと呼ばれる、教会とちょっとの商店街で構成された小さな町がある。観光で行く人は少ない。アジア人は珍しく見えるようだった。そこをホームタウンとするFarnham Town FCは当時9部のリーグに所属していた。筆者は当時、チェルシーのインターンと並行して8部のクラブのスカウト部長を務めており、Farnham Town FCのストライカーであった27歳の選手を視察する目的で試合を見にきていた。すると、前日の大雨でピッチはほぼ泥であるにもかかわらず、1人だけエナジードリンクを飲んだ暴れ馬のように左サイドを縦横無尽に駆け上がっている選手がいた。

スピード、エンデュランス（持久力）、初速、ブレーキングパワー、長距離のスピード維持良し。「おいおい、すごい選手いるじゃん！　しかも若え！」と思った筆者はクラブハウスに併設されているカフェテリアで購入した乾燥ブルーベリーを置いてメモを取った。身体能力だけでなく、ボールコントロール、パス、クロスも備えている。試合の終盤には2人の間を切り裂いて強烈なゴールを決めた。

サポーターの1人に彼について聞くと「いや、なんか近くで音がするなと思ってきたらフットボールの試合があって来た。だから選手のことは知らない」と言うので、違う人に聞いたら「16歳で普段はU18に出ている選手だよ。学校の陸上大会やクリケットのチームに助っ人で引っ張りだこ」とのことだった。やはりFans know the best. とにかく彼のプレーは頭に釘《くぎ》で打ち込まれたかのように覚えている。彼の情報を教えてくれたおじさんが風呂上がりに試合を見にきたのか、頭からすごくフレッシュな柑橘《かんきつ》系の匂いを放っていたことさえ覚えている。

オリーのレポートをチェルシーに送ると、クラブが興味を示し3週間後のプレ・トライアルに彼を呼ぶこととなった。プレ・トライアルでも評価は高く、その後も継続して2、3ヶ月はチェルシーのトレーニンググラウンドで試合や練習に参加していた。しかし契約までには至らない。その後も「ユウキ、最近良い左サイドバックはいないか？」と聞かれるたびに

「うーん、やっぱりオリーがいいかなー」と固執していた筆者に、当時の上司だったクリスさんが言ったのがこの言葉である。「自分が見つけた選手を見送ることを恐れるな。次に進め」。初恋相手に固執しているかのような筆者にバシッと言ってくれた。

　スカウトをしているとオリーのような運命的な出会い、ドラマ性のある邂逅《かいこう》がある。本来見にきた選手とは違う選手が輝いていた、たまたまフラッと入った試合会場に天才がいたなどなど、その類いのストーリーは多数ある。初めての出会いに何か神秘的なものを感じると、どうしてもその選手に肩入れしてしまうことはあるものだ。運命的な出会いとパフォーマンスレベルがごちゃ混ぜになるバイアスである。当時の筆者はまだスカウト歴が浅く、そのバイアスに引っかかりやすかった。今では出会い方と選手のレベルは切り離して考えることができていると思う。そのきっかけを作ってくれたのがこの言葉だ。

第9章

スカウトはどうやって
スカウトになるのか

謎に包まれたスカウトのパスウェイ

これまで多くの方から「どういう風にスカウトになられたのですか?」と聞かれてきた。

スカウトは非常に謎めいた職業であり、取り扱っている情報媒体も少なく、メディアに出る人間も少ない。またコーチや分析官といった職業と比較すると、アカデミックな領域においても焦点が当てられておらず、検証、解明されていない領域も広い。より正確には検証されていない、解明されていないというよりも、スカウトという職業の境界線自体がまだ見えていないのだ。筆者も実はスカウトを始めるまでこの分野についての知識は非常に薄かった。振り返ってみると、スカウトという存在をそこまで認知していなかったとも思う。スカウトについて公にされている情報は少ないため、その職業へのつき方も情報としてまとめられていない。そこで、「スカウトはどのようにしてスカウトになるのであろうか?」という疑問に回答していく。例に漏れずこの章でもイングランドでのスカウトパスウェイについて触れるため、国が違えばその様相は違うという前提で読んでもらいたい。

学ぶ機会はあってもキャリアの入り口は存在しない？

まず、率直にいうとスカウトになるための正規ルートは存在しない。理由はいくつでも挙げられるが、スカウトの求人数に比してなりたい人の数が異常に多いこと（公募だと競争率が天文学的に高い）、一括採用がないこと、縁故採用が多いこと、スカウト育成機関と就職のつながりが薄いこと、ライセンス等の効力が弱いこと、働き口としてグラスルーツが存在しないことなどが主なものだ。この中でも最後の三つについて特に触れたい。

スカウトになりたいと望んでも、職業訓練校や就職まで面倒を見てもらえる専門学校のような次世代のプロフェッショナルを育成する機関はない。厳密にいえば、第1章でも取り上げたようにイギリス国内には多くのフットボールパフォーマンス分析学士、修士が大学にあり、さらに最近はスカウティングの学士も数校ではあるが存在する。ただし、そこでの学びはあくまでプロとしての下地づくりがメインであり、卒業後の仕事につながるかどうかは学生に一任されている。また、スカウト育成コースを開いている民間会社もいくつかある。コースを修了すると同時に修了証をもらえるが、かといってそれが就職の役に立つこともほぼなく、結果、仕事は自分で探してきてねということになっている。

まとめると、スカウトになりたい人たちに学習機会を与える機関はあるが、キャリアの入り口の見つけ方がまだ謎であると言える。イングランドサッカー協会は10年ほど前からスカウトに向けたTalent Identification Licenceを交付し始めた。これは先述のコースよりも少しは履歴書の足しになるが、ライセンスがあるからといって就活の際に決め手にはならない。このように、スカウトになりたい人が勉強する場所は多いのだが、肝心のポジションが空いていないのだ。

そのため、イングランドではスカウトを目指す99%の人が、スカウトを始めて最初の数年（長いと10年以上）はお金をもらえるポジションにつくことができない。一つのボランティアスカウトの空きが出れば５００〜６００人が応募するような世界であり、すぐにそのチャンスが回ってくることはない。

ここまで倍率が高くなるのには理由がある。まず、スカウトはコーチと違って「選手の獲得活動を定期的、長期的に行う」クラブにしか需要がない。例えばグラスルーツのU12のチームにスカウトの居場所はほぼない。なぜなら選手はセレクションで選ぶか、もしくは同じ県内や市内の通学可能なエリアでプレーする子供を集めるのがメインの獲得方法だからだ。

イングランドサッカー協会が実施するスカウトコースの様子

イングランドでは、レベルを選ばなければ自分が住んでいるエリアの近くにあるグラスルーツのチームでコーチを比較的簡単に始めることができる（犯罪歴などを確認するDBSチェック等はある）。常にコーチが足りないクラブがあるという点が、スカウトと違うところだ。

一方スカウトはグラスルーツで経験を積む場所がなく、基本的にはファーストチーム、もしくはプロクラブのアカデミーに入るしかない。が、当然空いているポジションはかなり絞られているため、新しい世代が実務経験を得る機会が限られているのだ。コーチのように選手と1対1でプライベートセッションすることもないし、トレーナーやフィジカルコーチのようにリモートでセッションを行うこともない。基本的にスカウトを雇用するのは「スカウト行為」が必要であるフットボールクラブに限定されるのだ。その限定的な雇用先に対して、スカウトになりたいと考えるサッカーファンは星の数ほどいるため、無給のポジションが非常に多い。

したがって、スカウトの多くがボランティアかインターンのスカウトとして経験を積む。ボランティアスカウトは無給で、交通費とチケット代のみ支給されるポジションだ。プレミアリーグや2部・3部リーグのアカデミー、ノンリーグ（5部以下）のファーストチームスカウトが主にボランティアスカウトを募集している。給料は出ない代わりにスカウトとしての経験を積ませることを約束している。最近では北欧や東欧のクラブが、ヨーロッパにいない人でも参加できるビデオスカウトのインターンを募集するのをよく見るようになった。インターンが見つけてきた選手をクラブが獲得するという事例が、少しずつだが出始めている。とある欧州クラブにはインターンのビデオスカウトが20人ほどおり、世界中に散らばっているようだ。このボランティアスカウトは筆者も経験がある。イングランドに渡った初年度、筆者はイギリス4部のマンスフィールド・タウンと呼ばれるクラブで無給のスタッフとしてロンドンエリアの選手をカバーしていた。最初の頃は経験のためと思っていたが、試合を視察に行く際は、移動やレポーティングの時間も含めると大体1試合で5時間から6時間を費やすことになる。次第に、それを無給でやり続けることにやるせなさを感じ始め、かなりやる気を削《そ》がれた。

それに加え無給のスタッフはクラブから軽く扱われるため、スカウトの教育機会やシニアスタッフによるメンターシップ、上司からのフィードバックや日々のコミュニケーションなどが圧倒的に不足している。筆者も「果たして自分のレポートは誰か読んでいるのだろうか?」と思うことが多々あった。いまだに無給でスカウトを探しているのを見ると腹立たしくなるほど、ボランティアスカウトとしての経験はムカつくものだった。売り文句として

「お金を渡すことはできないが、経験を積ませることができる」とよく言われるが、いやいや、お金をもらって経験を積むことだってできますよとは声を大にして言いたい。

お金をもらえるポジションにつくには

無給のポジションからパートタイムになるのには、肌感覚として2〜3年はかかる。フルタイムについてはそのチャンスがずっと回ってこない人もいる。有給ポジションへの道は人それぞれで、誰もが違う道筋を通ってきている。せっかくなので知人のキャリアを三つ、仮名で紹介する。

ロンドンのチェルシーでアカデミーの地域チーフスカウトをしているソーサさんの、フットボールキャリアのスタートはスクールコーチだった。チェルシーの本部であるコブハムトレーニンググラウンドではなく、イギリスの南部エリアであるサセックスのスクールコーチをしていた。ある時、サセックスエリアのアカデミースカウトが足りない時期があり、ソーサさんは穴埋め要因として数試合のスカウト業務を週末行うことになったのだ。最初は穴埋めとしての想定だったが、クラブはそこでソーサさんをそのままフルタイムのエリアスカウトとして雇用することに決定。その後担当エリアでの業績が認められ、スカウト10年目にして本部コブハム所属のスカウトとなった。今ではスカウト歴15年のベテランである。

現在プレミアリーグ某クラブのフルタイムデータスカウトであるベンさん。現在22歳の彼は、実は1年前までサッカーの仕事を夢見る大学生で、フットボール分析学部で勉強をしていた。興味があったのはデータを駆使した選手発掘で、自らデータを分析、収集し、Pythonを使用したデータ解析やビジュアライゼーションを行っていた。日頃から積極的に自分の成果物をソーシャルメディア上に出していた彼だが、興味本位で参加したサッカー分析のカンファレンスでそのクラブのダイレクター陣を呼び止めて直接プレゼン、直訴してフルタイムの役職を獲得した。

現在チャンピオンシップクラブでスカウト分析官として活動するニックさんは元々分析官として働いていた。大学ではスポーツサイエンス&パフォーマンス分析を専攻し、大学在学中からインターンで分析官としてその２部クラブのファーストチームで活動をしていた。卒業と同時にそこのクラブからフルタイムのオファーをもらい、約５年間分析官として活動したのち、クラブのスカウト部門のＤＸ化に伴いスカウト部門へと異動した。

３人の例を見るだけでも、スカウトポジションまでの道のりは自由で、特に決まったルートが存在しないことがわかるだろう。

筆者自身のケースだと、キャリアのスタートはＦＩＦＡゲーム（現在のEA SPORTS FC 24）のタレントスカウトからだった。現実の試合を基にゲーム内選手レーティングを上下させる仕事がスカウトの道の入り口で（結局パートタイムとして５年間ほど続けた）、その後イタリアのエージェンシーにパートタイムスカウトとして入り、１年半ほど東欧、南欧下部リーグの担当スカウトとして日本にいながらWyscoutの映像で選手を発掘していた。

イングランドのスカウティングを始めたのは大学入学で渡英した２０１９年の夏から。先述の通り、当時イングランド４部リーグに所属していたマンスフィールド・タウンでボランティアのファーストチームスカウトとして活動を始めたのがきっかけだ。その後はチェルシ

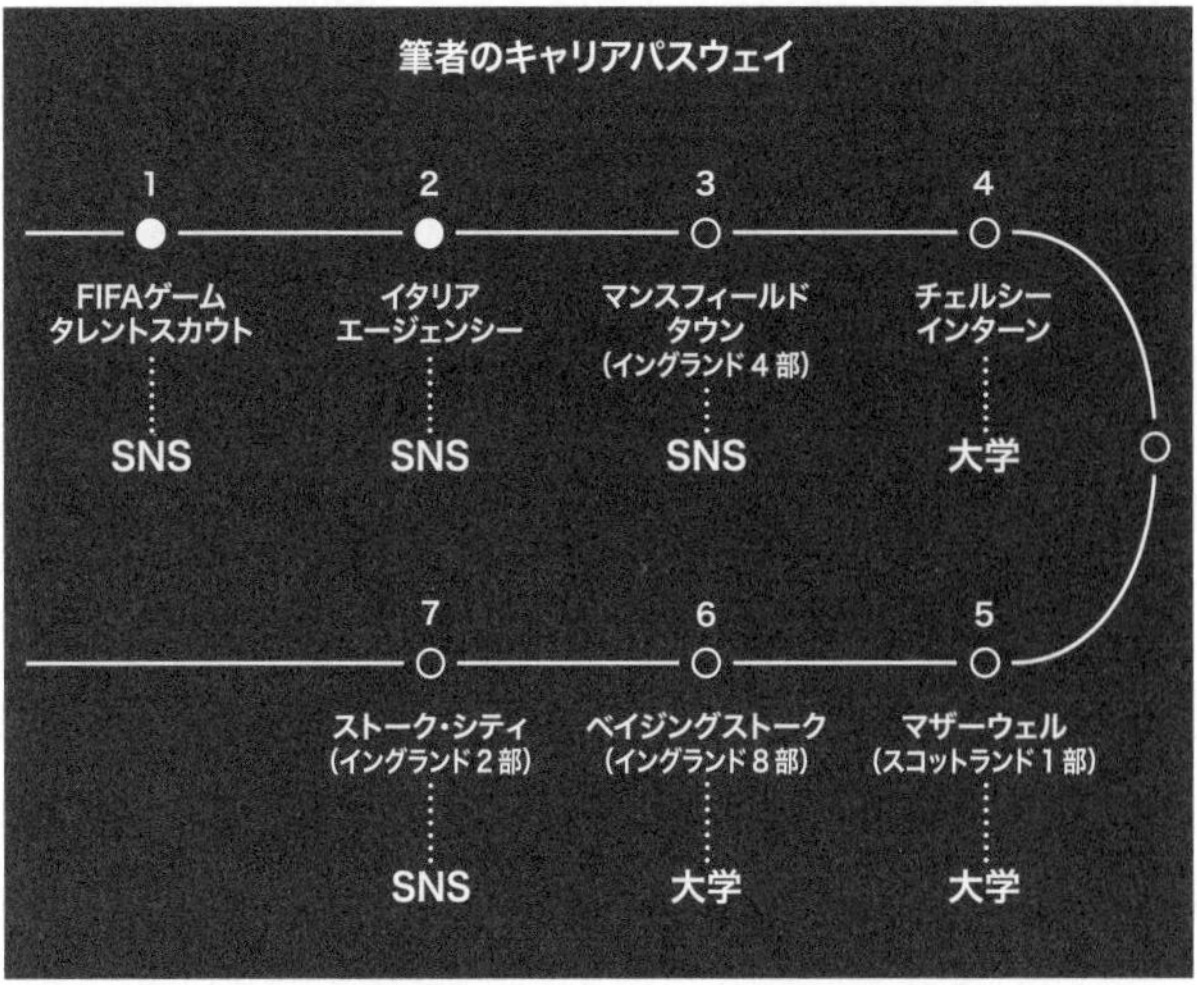

ーのインターン、８部クラブのヘッドスカウト、スコットランド1部マザーウェルのスカウトを経てストーク・シティとつながるわけだ。

こうして振り返ってみると、いただいた仕事のほとんどがソーシャルメディア、もしくはつながりからの紹介であり、一般公募に申し込んでその競争を勝ち抜いて採用されたことはない。一般公募でスカウトポジションを得るのはよほどの経歴がないと難しいし、業界内でのバリデーション（要は認められていること）が求められるため、新規参入組には難しい。

といったところで、まずは皆さんにスカウトパスウェイは何でもありだという事実を認識していただいたうえで、その中でも母数が比較的多いルートを紹介したい。

・コーチ出身組

これは読者の方も予想していたと思うが、イングランドに限定していえば一番多いのは元々コーチをされていた人、もしくは現在もコーチをしながら兼業でスカウトを行っている人だ。コーチとしてチームに帯同し、試合で毎週指揮を執ると、いやでも相手選手の情報に詳しくなる。またクラブを超えたコーチ同士のつながりも強く、選手の情報やリーグの情報に詳しくなる。この知見を生かしてクラブのスカウト活動を行うパートタイムのスカウトが、イングランドでは育成年代を中心に非常に多い。

プロ選手のスカウティングであれば映像やデータを取得できるが、育成年代となると直接見に行くしかない。とはいえ、体は一つだ。そうなると、情報ソースが構築されているコーチが適任というわけである。また肌感覚として、コーチ出身のスカウトはスカウトの中でもフットボールの審美眼が整っていると考えられていることが多く、筆者が活動したクラブでも優秀なスカウトは皆コーチ畑の出身だったりした。プレミアリーグのアカデミーでパートタイムスカウトをしているそのほとんどが自ら指導をしていたり、自分で子供のサッカーチ

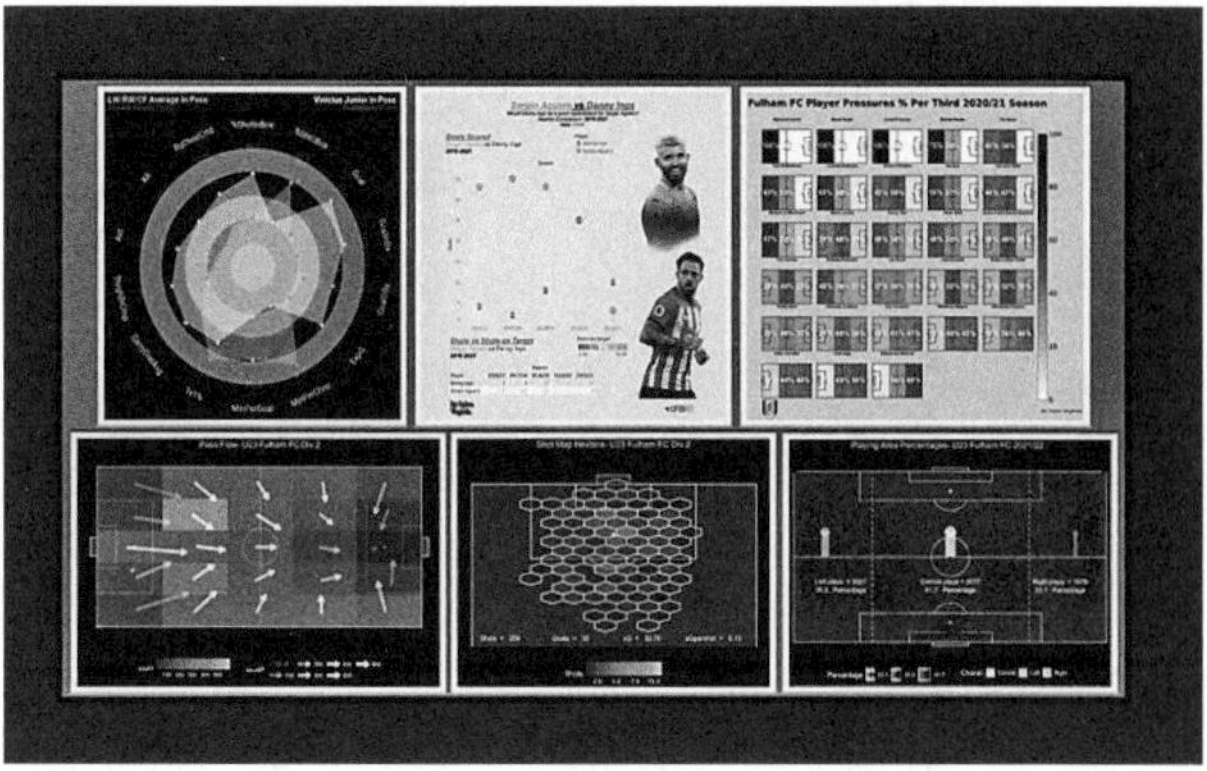

この図はあるサッカー“ファン”が作成したもの。度々プロを凌ぐものが見受けられる

ームを運営していたりする。

・ソーシャルメディア組

筆者を分類するのであれば、ここに入る。この10年でSNSを通じた人材発掘と雇用が進んでいる。ソーシャルメディア上に自ら作成したスカウティングレポート、分析レポートやデータビジュアライゼーション等を継続して投稿し、クラブの人事権を握っているスカウトに見つけてもらう方法だ。最近特に目にするのは、選手個人のパフォーマンスデータをビジュアライゼーションする人間がデータスカウトやリクルートメントアナリストとしてクラブに引き抜かれるケースである。テクノロジーに明るい人間が独学でPythonの

コードを勉強し、パスエリアマップやレーダーチャートなどをシステムに読み込ませたデータから作成するのがデータビジュアライゼーションだ。

　これらのスキルを持っているのは新世代のスカウトであることが多い。彼らはテクノロジーを使用することに慣れており、積極的に新しい技術をスカウティングに導入する姿勢がある。こうした人材が引き抜かれている一つの理由としては、従来通りのスカウティングスタッフとは求められる能力が違うことが挙げられる。詳しいことは次項のアカデミックルートに書いてあるので読んでほしい。この採用トレンドは今後も続くことが予想される。大きな利点は、自分のクリエイティビティを存分に活用できることと、ＳＮＳを通じての採用は基本的に一本釣りのため、一般公募の競争率の高い求人よりも就職できる確率が高いことである。

　スカウトのソーシャルメディア活用に話を移すと、日本語のアカウントだと日本人の現場スカウトとつながることはごくわずかだが、英語圏や欧州圏では現場の人間が非常に多い。試しにツイッターの検索で scout や recruitment analyst と入力すると、無数のアカウントにヒットする。また体感的にも、英語圏や欧州圏のスカウトは赤の他人にＤＭを送ることに抵抗のある人が少ないようだ。筆者が昔スカウトレポートをアップしていた時も、定期的に現場で働くスカウトからメッセージが届き、選手の情報などを聞かれた。他にも、エクアドルやウルグアイといった南米中堅国のタレントをカバーしているアカウントを運営している知人は、公にはしていないがプレミアリーグの某クラブからパートタイムの形態で雇われている。

余談だが、これからソーシャルメディアを活用して自分を売り込もうと考えている方に、ちょっとだけ気にすると良い点を書いておく。それはスカウトがカバーできていないニッチなエリアを見つけ、そこに焦点を定めることだ。特に「レポートリーダー」×「レポートに書く選手」の組み合わせを意識するとよい。レポートリーダーはレポートのエンドユーザー、つまりあなたのレポートを誰に読んでほしいのかということだ。そしてそれが、レポートリーダーにとって痒《かゆ》いところだが手の届かない場所であればあるほど良い。

例えば「欧州クラブ」×「日本人の大学生や高校生」も面白い。三笘薫選手の活躍による「三笘効果」は本当にある程度存在し、日本の高校生、大学生を海外クラブが直接獲得するケースは今後飛躍的に増えていくだろう。しかし、今のところ大学や高校のメンバー表等は一部の大学を除いてほとんどが日本語で表記されているため、海外のスカウトは良いと思った選手をメンバー表で見ても名前が読めないという事態が発生している。このエリアは非常にニッチで、現在同じことをしているソーシャルメディアのアカウントは英語圏内で目にしない。

それ以外にも「東欧クラブ」×「アフリカのヤングタレント」や「北米クラブ」×「東欧のタレント」なども面白い。筆者の場合は「プレミアリーグのアカデミー」×「5部以下でファーストチームデビューしている19歳以下のタレント」だった。TransferRoomやＦＩＦＡのトランスファーレポート、もしくは知り合いのスカウトを通じて大きな選手マーケットの動きを把握し、どこのスカウトに、どういう情報が求められているかを探ることが鍵となってくる。

・アカデミックルート組

このルートは大学でフットボール関係の学部を専攻している学生が、在学中のインターンを通して卒業後にPaid（給料が発生する）スカウトになる方法だ。イングランドの多くのプロクラブは近隣大学との協働プロジェクトやメンタープログラム、インターンなどを行っている。

筆者が通っていたセントメアリーズ大学はチェルシーと提携しており、男子や女子アカデミー、ファウンデーション、スクールといった様々な場所で実際に授業やインターンが行われていた。スカウトを体験したい人はアカデミースカウト、分析官を目指したい人は女子トップチームなど学生の要望に出来るだけ沿う形でインターン先が割り振られていた。このようにプロで必要なＩＴスキルやワークエシックを出来るだけ在学中に学生が身につけられるよう、そして卒業後にしっかりと戦力としてフットボール界に出ることができるように、多くの大学がフットボール学部を持っている。

　こうした大学を卒業した学生が現在、複数のクラブにてリクルートメントアナリスト、テクニカルスカウトとして雇われている。リクルートメントアナリスト、テクニカルスカウトとはスタジアムに試合を直接見に行く従来のスカウトとは違い、データや映像を駆使して選手の発掘とタレント確定を行う職業だ。担当する業務はＩＴを駆使したデータ解析と分析、ビジュアライゼーション、映像のエディット、プレイヤードシエと呼ばれる情報を複合したＰＤＦレポートの作成、データを使用した選手のフィルタリングや比較などだ。そのためＩＴのスキルを持っていることが絶対条件となる。クラブが公募するリクルートメントアナリストの募集要項を見るとHudlやSportscode、Anglesといった映像分析用ソフトを使いこなせることに加え、データビジュアライゼーション用のPythonやTableauも必須スキルとして挙げられることが多い。

従来通りの、特定の地域に強いコネクションを持つスカウトや実際に試合を視察しに行くスカウトはこのポジションでは求められておらず、テクノロジーに強い人間が求められている。そのため募集人材の項目にも大学時代にテクノロジーを使用したパフォーマンス分析を行っていることや学位を持っていることが前提となっている。ちなみにこれらを全て備えていても最低基準でしかなく、それにプラスして現場での実績まで求められる。

コラム

サッカー界で出会ったフレーズ⑨

"Keep your hands up." "Say yes and learn it later."

フットボール界、特にスカウトの仕事の舞い込み方はコントロールすることができない。今までの章でも話した通り、オーガナイズされた就職方法はほぼ存在しない。その中で仕事を得るためには常に手を挙げ続けること。つまり、自分のアウトプットをソーシャルメディアに載せたり、リンクトインでネットワーキングをしたり、カンファレンスに顔を出し自分を売り込んだり、仕事の求人に応募したりとチャンスを探し続けることが大事だ。これが一つ目の言葉の意味である。そしてもしチャンスが訪れたら、今その仕事をする自信があるかどうかではなく、まずイエスと言って引き受けろ、仕事のやり方を覚えるのはそれからでよい。これが二つ目の言葉のメッセージだ。

これは実体験としてもその通りだと言える。まずはチャンスを呼び込むために自分の存在をフットボール界に知らせる必要がある。こんなことをしていますよ、こんなことができますよとリクルーターの興味を引く内容をアウトプットしたり、クラブに直接コンタクトを取って売り込んだりする必要がある。すぐに仕事は来なくてもポジションが空いた際に「この人に声をかけよう」とクラブ側の人がなれば成功だ。

そして、もしそのポジションのオファーが来たら、自信があるかないか、準備ができているかどうかは考えずにまずは飛び込んでみる。通用する能力もあれば、足りない部分もあるだろう。それが普通で、それでよいと思う。自信が十分についてから挑戦しようと考えてしまうと、一生準備ができるまで、条件が整うまで踏み出すのを待つことになる。フットボール界のオファーは逃すと次いつ来るかわからない。来たら色々考えず、とりあえず飛び込んでみなよということだ。

第10章

フットボールを観察する力（observation）とは

“You see but you do not observe.”

221B Baker Street。この住所はフットボールとは関係ない。探偵シャーロック・ホームズが助手のワトソンと下宿をしていた場所だ。フィクションの存在だが、名探偵として世界的に知られる彼の名言に、“You see but you do not observe.”というものがある。直訳すると、「あなたは見ているが観察していない」だ。事件現場に残された痕跡にただ目を通すだけでなく、それを観察しなさいとの意である。

　この名言はイギリスのスカウトも会話の中で出すぐらいフットボール界でも知られている。じっと画面やピッチを見るだけでなく、観察しなさいと。ただ、これだけだと「へー探偵っぽい名言だなー」くらいの感想でしかなく、ただ目にすることと注意深く観察することの違いは正直よくわからないと思う。スカウトをしている中で「深く見ること」とはどういった行為を意味するのか？　この章では、スカウトの仕事のコアとも言える“observation”（観察）についてスカウト目線で話をしていく。毎度毎度のことだが、個人差があること、そしてイングランドのスカウティングを基にした話であることはここでも強調しておく。

何を観察するか

英語では“What to look for in a player.”というフレーズがある。「選手の何を見ているか」と訳すことができるが、まずはこの視点、視野について触れる。様々なメソッドを紹介する前に、以前に筆者が多用していた見方から話そう。

筆者の場合は試合が始まるとすぐに、フォーメーションと何番の選手がどのスターティングポジションなのかを確認していた。すでに何度か見ているチームであればある程度予想ができるが、初めて視察するチームについては事前に出来るだけ調査して、フォーメーションやスタメンを割り出しておく。全く何の準備もなしに試合を見に行くと、フォーメーションを割り出すだけで15分程度かかる場合もあるのだ。フォーバックかと思ったら右ウイングバックがたまたま少し低い位置にいるだけで実はスリーバック（ファイブバック）だった、中盤の選手かと思ったらサイドから流れてきただけだったなど、流動的になっている現代のフットボールではベースとなる立ち位置やプレーエリアを特定するのに非常に時間がかかる。

次に、各ポジションの選手の試合中には絶対に変わらない特徴を見て、ノートに取る。例えば身長や体の造り（足の長さや線の太さなど）が試合中に変わることはまずない。これだけフットボールが進歩していても、体のサイズがあることは一定層のクラブに需要がある。最近は身長が高い低いだけで選手の良し悪しを決めつけることは少なくなったが、筆者が過去に所属していたとあるクラブでは“We are Sizeist.”（我々はサイズ主義者だ）と強化部長から言われ、どのポジションでも６フィート以上（１８３㎝以上）という条件がついていたこともある。

他に変わらないことといえば背番号、髪形やスパイクなどの見た目である。特に、メンバー表が試合会場で配布されない育成年代の試合では、選手の外見の特徴を捉えておくことは情報の蓄積において非常に大切だ。利き足に関しては難しいところで、案外と把握するのに時間がかかる。筆者はこれらの情報をいったん整理してからパフォーマンスを見始めていた。こういった情報は試合が落ち着く前のキックオフ５分以内に把握しておきたい。

選手に直接関わらないが、他にも見ておく（感じ取っておく）といいのはピッチの状態、天気、風、試合の雰囲気、チームの士気などだ。アカデミックなフットボールの分野に situational variables と呼ばれるものがある。その選手を取り巻く外的要因のことを指すが、先述した要素はいずれも選手のパフォーマンスに多少なりとも影響を与えるので頭の中に留めておくとよい。

試合を現地で観戦する方なら誰でも感じられると思うが、平和で牧歌的な雰囲気の中、温かいサポーターに見守られている雰囲気の試合もあれば、ピッチ上に立つだけで足が震えるような殺気立つ目線の中でプレーする試合もある。２０１８-２０１９シーズンのチャンピオンズリーグの準決勝、リバプール対バルセロナでリバプールの本拠地であるアンフィールドの雰囲気に圧倒されたバルセロナのジョルディ・アルバがハーフタイムで吐きそうになり、「もうこれ以上プレーできない」と涙ながらに弱音を吐いていたとメディアが報じていたが、それぐらい試合の雰囲気は選手に影響を及ぼす。

お次はプレーの部分。パフォーマンスに関していうと、イングランドでは各ポジションに求められるプレイヤープロファイルに沿って選手を見ていた。ポジションチェックリストと呼ばれるものが各クラブにあり、クラブのビジョン→チームの戦略→プレースタイルと大きな枠組みが個人のレベルまで降りてきている。すなわち、そのクラブが理想とする選手像が記されているわけだ。

例えばサイドバックであれば守備での対人やスピード、質の高いクロスなどである。とはいえこのチェックリストの内容、実はどこもかなりオーソドックスで「なんだこれは！　今まで聞いたことがないぞ！」と驚愕《きょうがく》するものはあまり見たことがない。使用されている言葉が新しくなっていたり（例：ラインブレイキングパス）、モダンな戦術を取り入れていたりといったことはあるが、概《おおむ》ね普通のサッカーファンが想像するような選手像を多くのクラブが求めている。

ポジションのチェックリストに関してはスカウト活動を通じて様々な種類のものに触れ、実際に使用してきたが、見る対象を限定してくれる点では助かる。フットボールの試合の中で1人の選手は90分を通して数えきれないほどのアクティビティをこなす。その全てをくまなく監査するのは不可能に近いため、チェックリストで使用する認知量を限定する必要がある。人間の集中力は脆く、認知機能はエラーが起こることが前提だ。そして、チェックリストを試合中に見返すことで自分が見切れていない分野を思い出すこともできる。

スカウトをしていると、選手がピッチ上で行っているアクティビティの良し悪しについては判別がつくが、そもそも「行っていない」アクティビティに関してはスカウト側も評価することを忘れてしまっているケースがある。せっかくなので、いくつか有名なリストを紹介しよう。

まずはイングランドサッカー協会が推奨しているFour Corner Modelと呼ばれるものだ。

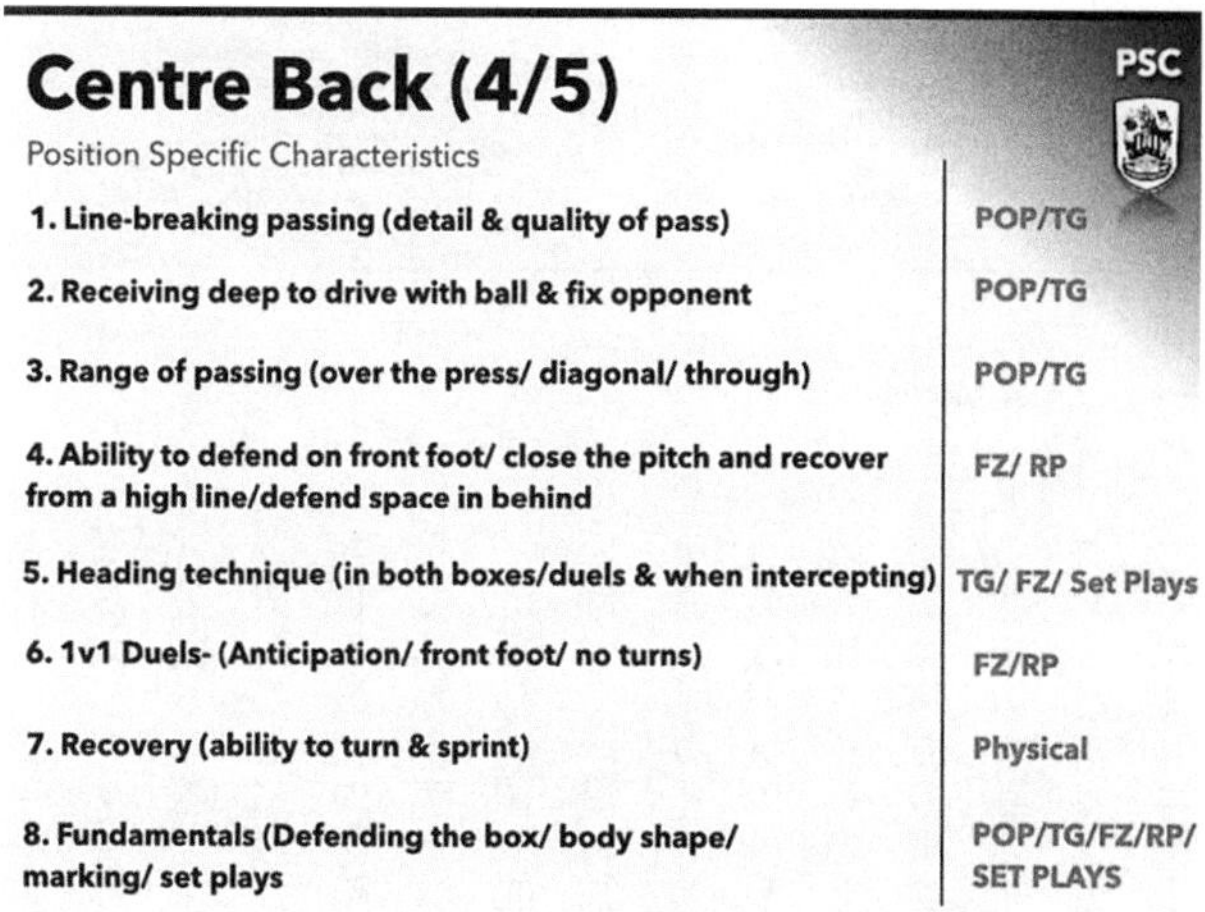

イングランド２部のハダースフィールド・タウンが Training Ground Guru のウェビナーで紹介したセンターバックのチェックリスト

TECHNICAL	PSYCHOLOGICAL
Ball Control Using Different Surfaces 1v1 Possession Understanding Pressure Positioning Making Space Foot Skills	Decision Making Gaining Confidence Learning New Skills Patience Making & Learning Mistakes Rules Awareness
PHYSICAL	**SOCIAL**
Movement On/Off The Ball Passing Co-ordination Balance Turning & Running With The Ball Heading Shielding	Teamwork Applauding & Encouraging Others Communication Offering Help & Advice Making New Friends Behavior & Enjoyment Smiles ☺

Four Corner Model

これはTECHNICAL, PHYSICAL, PSYCHOLOGICAL, SOCIALで選手のプロファイルを4分割し、各コーナーに当てはまる能力をポジションごとに設定したリストになる。スカウトとして最初の段階であれば、このモデルを使用してスカウティングするのも面白い。

ただし、個人的にはこのモデルには賛成しない部分もあり、以前働いていたクラブでも疑問点が多く上がった。例えば、「相手のライン間への正確なパス」はおそらく左上のTECHNICALに分類されるのだが、そのパスを成功させるためには味方のポジションや相手の位置を把握する認知力も必要だし、体の向きやパスのモーションなどフィジカルの部分も影響するし、味方とのコミュニケーション、つまりソーシャルも

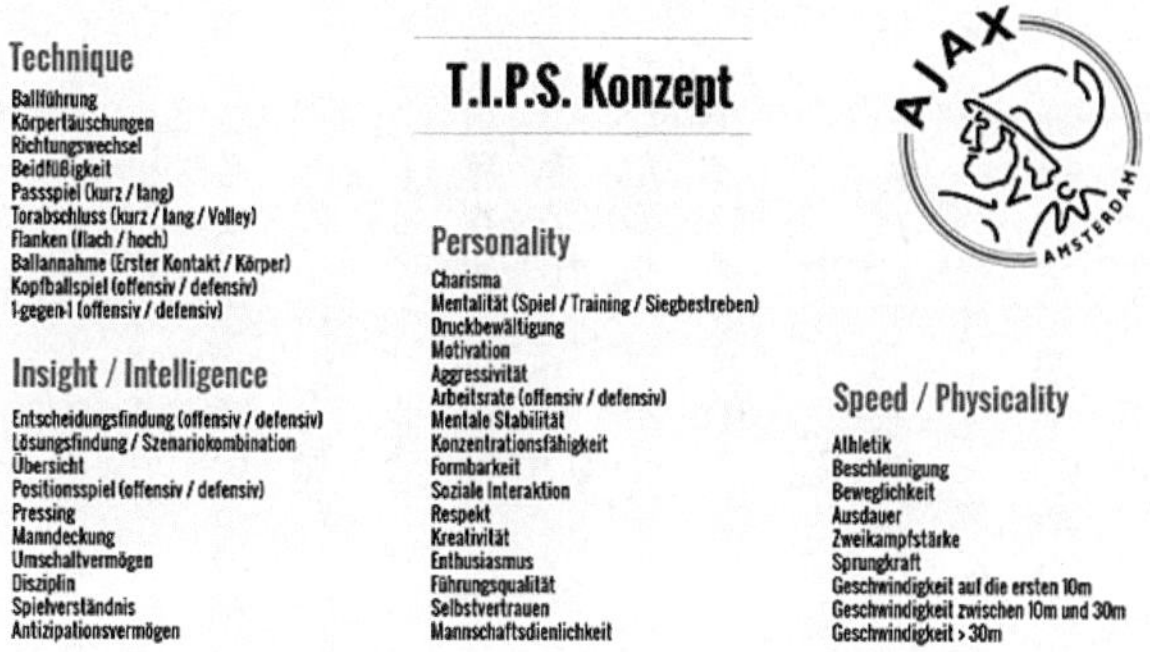

アヤックスの TIPS

大切な要素である。そのため、アクティビティやタスクをこのモデルのようにくっきりと四象限で区別することは難しいという結論にスカウト陣で至った。とはいえ、イングランド内では広く推奨されているので試しに使ってみるのも面白い。

　チェックリストは大人のチームであればポジションごとに分かれているが、育成年代、特にU16以下では全てのポジションに共通したものを設定していることが多い。育成の雄でありスカウティング界の中でも有名なアヤックスはTIPSと呼ばれるリストを使用している。TIPSはTechnique, Insight, Personality, Speedの頭文字で、アヤックスが選手育成や育成選手発掘の指標としているものである。アヤックスでは、テクニック、知性、人格、スピードを重要視しているようだ。

チェックリストを実際に使用すると、各項目には優劣が存在している。チェックリスト上で見ると全ての項目がフラットに並んでいるが、意思決定者の頭の中ではどの能力が必要なのか（必要と思っているのか）決まっていることが多い。例えば、絶対に欠けてはならないもの、その項目の有無だけでターゲットリストから外される「ディールブレーカー」と呼ばれる項目がそれである。チェックリストを全て埋めるような選手はほぼほぼ存在しない、もしくは獲得可能ではない（世界最大級のクラブは除いて）。そのため、それぞれの能力にはばらつきが出る。

あなたのクラブがサイドバックを探しているとしよう。対人守備もできて、スピードもあり、ディフェンスのポジショニングもよく、ボール運びやコンビネーションもでき、正確なクロスを上げられる選手が欲しいとなった場合、全てに該当する選手はまずいない。「動きはいいんだけど、ポジション取りが微妙かな〜」とか「パスはうまいけど守備が不安定だな」とかパフォーマンスにはムラが出るのが当たり前だ。この時、どの要素が必要不可欠なのか即決できる基準があるクラブはよいが、実は決められていないクラブも多い。決められていないのが決して悪いわけではなく、その時々のチーム状況によって必要な選手のタイプも変わるからだ。

この領域は科学的に解明されていないことが多く、アカデミックな分野でも“Talent Determinants”（タレントを決定づけるもの）については学術的研究が進んでいない。選手の何を見れば最も高い可能性でタレントを見分けることができるかは永遠のテーマと言える。

どう観察するか

・プレイヤーで分ける

次に話すのはそれらの項目をどう見ていくかである。正直なところ見方は十人十色であり、どれが優れているというわけでもないが、ここではベーシックなものを三つ紹介する。一つ目はon the ball, around the ball, far from the ballである。ある局面においてボールに直接関わっているプレイヤー、その周りにいるプレイヤー、離れているプレイヤーで分ける方法だ。元々はチーム全体のコーチングで使用されるテクニックであったが、これはスカウティングにも応用できる。

ボールに直接関わる時、周りにいる時、離れている時、どのように選手が動いているか、気を配っているか。ボールに直接関わっている時は説明不要だが、ボールの周辺にいる時は攻撃であれば３人目の動き、相手を引きずり出す動き、ボックスへの侵入など、守備であれば背後の相手の処理、カウンターの準備、味方がボールに対応している時の戻りなどを見る。

・時系列で分ける

二つ目はbefore, during, afterと呼ばれる、時系列で一つのアクションを分析する方法だ。こちらはライブで試合を見るよりも映像で見る際に使うことが多い。選手個人を見る時に、あるアクションが起きている瞬間だけを切り取るとあたかもその選手がミスをしたかのように見えるが、実際はその前々段階で味方が起こしたミスが引き金となっているケースなどがある。

例えば２０２２-２０２３シーズンのチャンピオンズリーグ決勝、マンチェスター・シティ対インテルでこんな一幕があった。この試合で最終的に決勝弾となるシュートを叩き込んだシティのロドリだが、前半はボールを持った際にほぼ仕事をできず、そもそもボールをもらう機会も多くなかった。彼だけに注目してしまうと「積極的にボールをもらいに行かない」という評価になってしまう。しかし、これを時系列で分析すると異なる構図が見えてくる。まずロドリにボールが渡る前に、インテルのセンターバックが果敢に中盤に飛び出してシティのＭＦ陣を捕まえており、それによってインテルのＭＦだったチャルハノールがロドリを潰す仕事に専念することができていた。またロドリがボールを受けても、前線にボールをつける選手をジャンプして出てくるインテルのセンターバックが捕まえていた。これも、彼のアクティビティが少なかった理由の一つだ。イングランドでは「劇における第三幕のミスは、第一幕に原因がある」とおしゃれに形容されていたが、要は遡《さかのぼ》ってみると真因がわかるよということだ。

・アクションで分ける

そして最後に、「各アクションのクオリティ＋頻度＋クオリティの継続性」を見る方法だ。まずは「各アクションのクオリティ」。アクションはパスやシュート、裏抜けなど、個々のピッチ上でのアクティビティを全て指す。ボールを持っている時に限定されず、ボールをもらう仕草やサイドに流れる動きなども含まれる。

　クオリティはそのままの意味で、すなわちアクションの質だ。スピード、アングル、予備動作、正確性、方向、エリアなどクオリティを上下する要素を挙げればキリがない。例えばシュートのアクションだと、シュートスピード、コース、ボールストライク、打つ位置、アングル、体の向きなどとなる。どういったアクションをハイクオリティとみなすかはクラブによって変わる。

次に「アクションの頻度」だ。先ほど挙げたハイクオリティなアクションが試合中に何度現れるかをチェックする。スカウトとして出くわすシチュエーションにこんなものがある。ある選手が針の穴を通すようなスルーパスを1回出した。それを見たスカウトはレポートに「鋭いスルーパスを出せる選手」と書いた。このレポートを読んだダイレクターはイニエスタやシャビのような、5分に1回の頻度でスルーパスを出せる選手をイメージして、後日その選手を見に行った。ところが、その選手は1本もスルーパスを出さない。なぜなら、前の試合で出したスルーパスは試合中1回のみだったから、というカラクリだ。

このようなコミュニケーションミスを減らすため、どんなアクションでもそれを試合中に何回出せるかを見る必要がある。スーパープレーは試合の中で一度でも起きると、その一回で選手の評価を逆転させてしまうほど我々の脳裏に焼きつく。だが、レベルが高くなればそういったプレーを試合中に出来るだけ高頻度で行うことが求められる。また、ボリュームを意識して各アクションを見ることによって、選手のアクティビティがバラエティに富んでいるのか、決まった型で勝負するのかなどもわかる。1試合は選手のプレートレンドを把握するには決して多いとは言えないサンプル数だが、それでも少しは把握できる。

加えて重要なのが、その「クオリティを維持する力」である。よくあるのが、前半のアクティビティはスタミナと頭もスッキリしており、頻繁に高精度のアクションを繰り出すことができるが、途中から頻度こそ変わらないが明らかに精度が落ちるパターンだ。現代のフットボールは選手のフィットネスが過去最高レベルまで引き上げられており、それに加えて交代の人数が増えていることによって全体のインテンシティは上昇傾向である。トップオブトップであるベルナルド・シウバなどの選手を見ると、後半終盤でも精度の高いドリブルやシュートを繰り出せる。こうしたクオリティの維持力は間違いなく将来のフットボールを担う人材に必要な能力と言えるだろう。

・四つの局面で分ける

最後に、個人的に使用することがある視察方法を紹介する。ロンドンのとあるアカデミーのスカウトから学んだものだ（筆者がインターンをしたクラブのスカウトではない。念のため）。彼は、選手のアクティビティはボールを進める、ゴールを決める、相手のボールの前進を妨害する、相手のゴールを妨害する、という四つの局面に分類されると考えていた。これらの局面は英語でいう「WHAT（何をするか）」にあたる。次に「HOW（どうそれを実行するか）」を見る。そのクラブでは、ボールを進める局面だと、直接的な方法はパスをするか、運ぶか、受けるかのいずれかと考えられていた。で、そこから「WHERE（どこ）」「HOW OFTEN（どのくらい）」「HOW ACCURATE（どのくらい正確か）」などを見ていく。

右ウイングを例にしてみよう。試合を見るにこの選手はボールを自ら運ぶことは少ないが、ワイドの高い位置でボールを受けて近くの味方に散らすスタイルだとする。ボールを受けることによって前進させる選手だ。ではどのように受けているか？　足の様々な部位に加え胸や太ももでもボールを扱えるため浮き球気味のパスでもミスなくコントロールでき、周りを確認しながら受けるのでロストがない（HOW&HOW ACCURATE）。受ける場所はワイド大外（WHERE）。自ら積極的にもらいに行くタイプではない（HOW OFTEN）。……と、このようにプロファイルを分類していく。もちろん間接的な関与をする選手もいる。ダイアゴナル（斜めの走り）で相手を引きつけてスペースを作ったり、サイドチェンジで味方を上げたり、そういう貢献の仕方もある。このように細部を見ていくやり方もある。

様々な手法を紹介したが、特にどれが良い悪いと白黒つける話でもない。あなたが興味を持ったやり方を騙されたと思ってやってみてほしい。

スカウトの「視る」のこれから

最後に、スカウトの「視る」についてのこれからを話したい。現在のフットボールは複雑化、多様化が進んでいる。その背景には人間が生み出したアイデアの発展や人間の運動能力の進化、新しいテクノロジーが導入されていることもあるが、それに加えて学術の介入が増えたことも一因と考えられる。学術的な介入とはつまりコーチング、トレーニング、栄養学などの分野に論文やリサーチをベースにしたアプローチが広がることだ。コーチングではフットボールの捉え方（アプローチ）からトレーニングのデザイン（例えばピッチのサイズを50ｍ×70ｍにすることでどのように運動量やアクティビティに変化が出るのかなど）、それに加えてコーチ自身のプロフェッショナルディベロップメントやコーチングスキルの伸ばし方なども体系化が始まっている。

それに対し、筆者も含めスカウティング界はまだまだ科学的、学術的、ビジネス的介入の余地が大幅に残されていると感じる。フットボール業界以外からの介入が少ないからといって悪いわけではないが、進化していくフットボールを見抜くリテラシーをスカウト（筆者を含めて）が持つことができなくなるのではないかと不安になることはある。自戒を込めてだが、従来通りの横並びのフォーメーションでしかチームを見られないスカウトはフルハムU21が中盤に偏りを作る変形の4-4-2は見抜けないし、「タレントを持っている選手か否か」と考えるスカウトは、最近の研究で解明されている「タレントは非直線型の発達で外部とダイナミックに交わり形を変えるもの」とは考えない。今後は様々な分野のアップデートをスカウト自身も行い、そのレンズをモダンフットボールから引き離されないようにする必要がある。

コラム

サッカー界で出会ったフレーズ⑩

“From local games to big ones, all tell stories.”

「ローカルからビッグクラブの試合まで全てにストーリーがある」。

ルークは筆者より3歳下だが、数少ないスカウト界の同世代である。現在はブラックバーン・ローヴァーズのヨーロピアンスカウト（欧州担当スカウト）として活動しており、北欧や中欧を担当している。彼も筆者と同じようにソーシャルメディアを活用して仕事を獲得した人物だ。ただし、ツイッターに挙げている情報の質は筆者のそれよりも格段にクオリティが高かったし、彼は弱冠22歳でスコットランド1部のハイバーニアンでフルタイムのテクニカルスカウトに抜擢されており、28歳までパートタイムのスカウトだった筆者とはキャリアの進み方のスピードがまるで違う。

　彼とはロンドンのレイトンオリエントの試合で実際に会うことがあり、そこから交流が深まった。選手情報をお互いに話したり、スカウティング事情について情報交換をするときに、いつも彼の知識幅と深さに驚かされる。イングランド国内も6部以上のリーグであれば大体の選手情報は把握しており、歩くスカウトデータベースとも言える。さらには欧州のマイナーリーグまでカバーしており、各リーグのレベル感や所属する選手の特徴、急上昇中のタレントなど、ほぼほぼ頭の中に入っているようだ。

そんなルークが唱えるのが「上から下まで様々なリーグを見ることで、最上位層で起きているフットボールがよく理解できる」説だ。彼曰く「プレミアリーグのレベルの高さを高解像度で見るためには、その国内の下部リーグや育成リーグ、他国の1部リーグに目を通す必要がある」そうである。

この考えには筆者も同感だ。フットボールは見れば見るほど、見えてくるものが増える。気づくものが増える。フットボールの試合や選手を見ている時、頭の中に入ってくる情報を解釈する上で、我々は比較、パターン認識、情報の連結、予測、シミュレーション、選択的注意、感情体験、記憶呼び起こし（リファレンス）など様々な認知的なアクティビティを脳の中で行っている。これは「視る」行為の次の段階で、その目から通されて脳に入った情報をどのように処理するかの部分である。国やレベルを跨《また》いで試合を見まくることで、この情報処理の認知機能が高められるという理論だ。それにより、各リーグや国の特徴とレベル感が細部まで理解できるようになる。これには筆者も実体験が多く、実感する。

特に比較が役に立つ。例えばサイドの攻撃のアイデアが下部リーグのそれとは大きく異なる。まずは選手のドーパミンのコントロール。下部リーグの多くの選手が、ゴールが近くなる相手陣内深くのワイドでボールを受けたとき、とりあえず一発のクロスに賭ける癖がある。「どうなるかわからないけど、とりあえずボックスへ放り込む」。この心意気と攻撃性も大切だが、見返りは少ない。その点、プレミアリーグの選手を見るとギリギリまで得点確率を上げるために他の選択肢を頭に入れながら、サイドでアクションを起こせる。つまり、自分の近くにあるゴールに猪突猛進せず、探りながら攻撃を進める慎重さも兼ね備えているのだ。もちろん全ての選手に当てはまるわけではないが、こうした傾向がある。

　また、前進するためのオプションを探る仕草もプレミアリーグでは圧倒的に多い。隙あらば相手の陣形にパスを差し込む、ボールを運び出す行為、またはそれを狙う仕草が多く見られる。一瞬の隙があれば躊躇《ちゅうちょ》なくパスを通してくる。ゴール前でも同じで、シュートまで持っていく技術やシュートまでのスピード、得点率の高いエリアまでボールを運び出す能力が上のステージに行けば行くほど見えてくる。プレミアリーグで当たり前のようにプレーされているビルドアップにおける左センターバックから左サイドバックへの斜めのグラウンダーのパスもスピードと精度がこの上なくピッタリで、それを防ぐための相手のプレススピードも非常に洗練されている。

　ここで取り上げたのはごくわずかな例にすぎない。今では映像でイングランド2部の試合も見ることができる。数試合見た後にプレミアリーグを見ると、彼らのレベルの高さを再認識できるだろう。皆さんにもぜひやってもらいたい。

第11章

フットボール都市
ロンドンの生態系
[前編]

フットボールが生き方を示す街

ロンドンは底知れぬフットボールタウン。10を超えるプロクラブが同じ地域内に本拠地を置き、月に行われる公式戦はゆうに100を超える。週末だけでは足りないフットボール狂のためか、ピッチの管理会社との兼ね合いか、試合は土日に限らず、平日も月曜日から金曜日まで開催される。しかも昼間にでさえ。この土地でフットボールに休みはない。各クラブの歴史は100年をゆうに超え、それぞれの街におけるコミュニティの心臓として機能している。7部や8部のクラブでさえフットボール専用球技場、クラブハウス、スタンドが存在し、試合の日にはそこに人が集まり、毎試合伝統的な応援でチームに声援を送る。習慣的な、規則性のある、まるで宗教の儀式に近いものがそこにある。

「フットボールはこの街では宗教だ」という言葉も耳にするが、その裏には、それを信奉し、熱狂する人々がいる事実に加え、そのようなフットボールが存在することによって人々の社会性が形成されている側面がある。そんな人々の行動を作り出す、生きる力を生み出すフットボールに携わる人々はどこか誇らしげで、その認知度からも自信を持ってフットボールに貢献している。またロンドンではよく、“Football is a way of life.”（フットボールは生き方である）という、人々の生活の一部にフットボールが存在していることが当たり前であることを表すフレーズもよく聞いた。

家族、仕事、そしてフットボール。それほどまでにフットボールが息づく街、ロンドン。この章と次の章ではフットボールのメガシティであるロンドンにフォーカスしたスカウティングの世界を、様々な角度から検証していく。特に、ローカル色が強く出るU21までの年代のスカウティング戦略を深掘りする。前編の舞台は西・南西ロンドンだ。

チェルシー主催のプレ・トライアルに集うのは……

ロンドンのparkは公園というより、外枠のついた森だ。たいていの公園は我々日本人が公園と聞いて想像するサイズの10倍ぐらいの敷地面積を持っている印象である。街中にある普通の公園が日本における「自然公園」くらいの大きさだと思う。特にサウスウェストには公園が多く、公園内にはフットサルコート、サッカーコートが無数に存在する。しかも驚くことにその多くが無料で使用できる。芝の目が整えられた新しいハイブリッドピッチは予約が必要だが、使い古された人工芝や天然芝のピッチは地元の子供たちが自由に使っている。「ロンドンでは少し歩けばピッチがある」という言葉は、都心部を除けばあながち嘘でもなく、苦にならない程度の距離にピッチを見つけることができる。

そんな数あるフットボールピッチの一つ、南西部イーシャー（Esher）付近のとあるピッチでチェルシーのプレ・トライアルが開かれていた。集められたのは3部から10部のトップチームでプレーする16歳から21歳のスカウトされてきたプロ一歩手前の選手たちと、少年団でプレーする将来有望な8歳から15歳までの選手たちである。

第6章でも説明したように、プレ・トライアルとは、獲得候補となるスカウトされてきた選手をまずはそのスカウトされた選手たちのグループに入れ、アカデミーコーチによる指導を受けさせるシステムだ。トライアルの一つ前の段階と捉えて良い。これには三つ目的があり、まずは選手のプレーインテンシティ（強度）をアカデミーレベルまで上げること、これによって本アカデミーチームと合流する際にそのプレースピードの差を出来るだけ縮ませることができる。よってスムーズに本チームへと統合させることが可能だ。次に長期のタレント確定を行うことで選手の学習能力やコーチャビリティ（コーチングを受ける能力）を査定できる。ただ練習参加するだけではその選手の長期的な能力の変化が見えづらいため、このプレ・トライアルで8週間にわたり選手を査定する。そして最後はスカウトの能力の査定だ。各スカウトが連れてきた選手たちがどれくらいの期間プレ・トライアルに残るかをチェックする。

　基本的にここに呼ばれた選手は8週間にわたって週1回もしくは2回のペースで練習と練習試合に参加する。ただし、短ければ4週間で見切りをつけられ、良ければ最長で12週間まで伸ばすことが可能だ。今はチェルシーのU21でプレーするメイソン・バーストウもチャールトンに移籍する前に、実はこのプレ・トライアルに参加していた。

　チェルシーで活躍するリース・ジェームズを最初に発見したスカウトが「この子本当に15歳か!?　お前、引退した選手を連れてきたんじゃないだろうな!?」と隣でジョークを飛ばしている。彼が言っていることはその通りで、見かけで人を判断することがタブーとなるこの時代でも「本当に15歳ですか?」と聞かざるを得ないような背丈、体の分厚さ、見た目の選手が多く集まっていた。25歳のプロ選手と言われても信じてしまう。

　彼らの多くはノンリーグや下部リーグでトップチームデビューを果たしており、早期デビューを果たしている要因の一つとして卓越したフィジカル能力が挙げられる。テクニックや戦術理解力ももちろんそうだが、それ以上にフィジカルは下部リーグで絶対に必要。特に圧倒的なパワーとスピードがある選手は重宝される。そのような環境で育っているので当然フィジカリティが突出している選手ばかりがこのプレ・トライアルにも集まっているのだ。チェルシーで一度フィジカルテストを行った際に、本アカデミーの平均値のおよそ1・5倍の数値を叩き出す選手やU18選手と比べてもトップグループのスタミナ、スピードを持ち合わせている15歳の選手がいたりした。

そのためノンリーグのスカウティングはフィジカル項目よりも、その中でどれくらいテクニックの精緻さがあるか、戦術的な理解力（例えばパターン認識や予測、戦術的記憶の持ち合わせ）があるかを見られるのだ。スペースの活用方法や相手の陣形に応じてプレーを変えることができるかどうか、相手の動きを読んで予測できるかどうかが鍵となる。

その日は右ウイングでプレーする左利きの、俗にいう〝インバーテッドウインガー（逆足ウインガー）〟が皆の注目を集めていた。モリモリとした筋肉に俊敏性とスピードが掛け合わさり、プロ顔負けの動きで相手の左サイドバックを翻弄する。左足でボールを持つと素早くカットインしゴールへと迫力を持って襲いかかる。最初の30分はメッシ並みのインパクト。シャキリのような筋肉シュートを放つ。「この子すごいな。これは獲得候補じゃないか?」と20年以上チェルシーでスカウトを支えてきたクリスに聞くと、「うーん、まともなサイドバックならそろそろ彼（ウインガー）がカットインしかないと気づいて止めてくるかな……」と納得していない。

その矢先に彼は対峙する左サイドバックに体を入れられ止められた。その後幾度となく突破を試みるも動きは読まれ、何もできなくなった。「やっぱりね。数回縦に抜けられるといいもんだけど。中しか選択肢がないとバレたら難しいよ。ドリブルがダメでもクロスやスルーパスがあればいいけど、彼はそんな感じじゃないね」とのことだった。たとえドリブルが中にしか進めなくても、他にパスやクロスがあれば相手に読まれづらくなるものだが、彼の場合はカットインからのシュートに能力値を全振りしているようだった。結局、プレーのバラエティが少ないという理由で彼は外された。やはりノンリーグの選手を見る時は見えやすい特徴に踊らされずにプレーのバラエティなどを見るべきだと思う。

クラブ事情にあわせた選手の棲《す》み分け

このプレ・トライアルの面白いところは、チェルシー主催の練習会・練習試合ではあるものの、他クラブのスカウトもオープンに呼んでいることだ。例えばブレントフォードのフィン・スティーブンス（現在はオックスフォード・ユナイテッドにレンタル中）もブレントフォード加入前に参加しており、そこでの試合がきっかけでブレントフォードに引き抜かれた。筆者もストーク・シティで働いている時に参加したし、他にもコヴェントリー、フルハム、サットン、ブラックバーン、ウィンブルドンなどロンドン内外のクラブのスカウトがこのプレ・トライアルに集まる。「チェルシーでダメでもうちでなら」というロジックで、チェルシー側も全く気に留めていない様子だった。チェルシーのトップターゲットはプレ・トライアルが必要ないレベルの選手で、それ以外は気長に追っているような、そんな余裕が見える姿勢だった。

筆者が見つけてきた左サイドバックの選手も当時は9部だったが、このプレ・トライアルを経て4部のアカデミーへと移籍が決まった。スカウトの目に触れれば、その後のキャリアを切り拓ける、すでに能力は持っている選手がまだまだ眠っているのだ。

“Luck is where preparation meets opportunity.”（幸運は準備と機会が出会うところ）。この名言は多くの人の「良い選手であればどこにいても見つけられる」という思い込みをを打ち砕く。能力を見せる場所がなければ、見てもらうことなどできないのだ。「他のクラブに自分たちが見つけた選手を見せてよいものか」と思われるが、もちろん優先交渉権はチェルシーが持ち、他のクラブはそれに該当しない選手をターゲットにすることになる。一つのクラブが良い選手を占有することはなく、それぞれの選手がプレー時間を確保できるようにクラブ間で選手というリソースを振り分けているわけだ。同じポジションにスーパーな選手が2人候補にいるとしたら、2人とも取りにいくことはない。例えばチェルシーはカラム・ハドソン＝オドイをスカウティングしていた時にジェイドン・サンチョもレーダーに乗っけていたが、ポジションが被るということで見送った経緯がある。

ロンドン南西部はクラブ数こそ多いものの狙う選手レベルの棲み分けが年齢に応じて整理されている。また、自分たちの売りを他のクラブと差別化しながら生き残っている。チェルシーも地元のうまい子ではなく、自分たちのクラブ規模を利用して国中の子供をターゲットにしている。フルハムはチェルシーと同じぐらいアカデミーチームの成績は良いが、ローカルのうまい子や自前の選手をメインターゲットにして、ネーションワイドなスカウティングは行わない。4部のウィンブルドンはもう一つ下の層の子供たちがターゲットだ。チェルシーやフルハムには入れないが少し上手な子供たちをスカウトしてくる。例えば8歳で育成期間に入り、14歳でチェルシーやフルハムへ引き抜かれるケースもある。自分たちよりも上のクラブに狙われたら渋らずに出すスタンスである。そのため、チェルシーのダイレクトなスカウティングの競争相手は経営規模やブランドレベルの近いアーセナル、ニューカッスルなどとなる。ロンドンの中でも有数のスカウト激戦区であるサウスウェストにおいて、各クラブは激しい食物連鎖の生態系の中でそれぞれの居場所を見つけているようだ。

プレ・トライアルの顔ぶれを見ると、白人だけではなく、非常に多くの人種、ルーツを持つ選手が入り混じっていることに気づく。ロンドンのダイバーシティが色濃く反映されている。ロンドンは世界有数のマルチナショナル・カルチュラルな地域である。自分の代に移り住んできた人もいれば、何世代か前に家族が移住してきた人もいる。電車の中にいる人の出身地を、見た目だけを頼りに当ててみろと言われたら、当てることはほぼ不可能である。

２０２１年の国勢調査によるとロンドンは他地域と比べ、「アジア人、黒人、ミックス、他のエスニック系グループが圧倒的に多く居住している」そうだ。数字で見ると46・2%が非白人人種で、白人の割合がかなり低い。もちろんロンドンの中でも白人が多い地域、黒人が多い地域、アジア人が多い地域など地域ごとのデモグラフィがある。例えば、筆者が過去に住んでいたニューモールデン（New Malden）は韓国にルーツを持つイギリス人、韓国から留学に来ている韓国人が非常に多く、街中にアジア系の飲食店やスーパー、憩《いこ》いの場がメインストリートにたくさん並んでいた。ちなみにNew Malden 駅を出てすぐ右手にあるK

Barbeque はいつ行っても客が並んでいる焼肉屋なので、旅行で焼肉が食べたくなった際はぜひ行ってもらいたい。白人とアジア人のカップルや夫婦も多く、インターレイシャルな家族のつき合いを多く見た。

他には、ルイシャムやトーントンヒース、ブリクストンなどの南ロンドンの地域にはカリブ系、ナイジェリア系の移民の黒人が多く、街中に行くとカリビアンバーベキューのレストランやバーバーなどが多く見られる。一方で、日本人駐在員が多く住むウェストロンドンには日本食レストランが軒を連ね、東欧ルーツの住人が多いエリアではハンガリーやポーランドの食材を扱うスーパーが存在するなど、ロンドンはまさにエキゾチックなコミュニティの集合体だ。この多様な文化の融合こそが、この街の魅力の一端を形作っている。

根強い南アジア系への偏見

しかし、これだけ多くの民族と人種が入り混じっているにもかかわらず、いまだにロンドンのフットボールスカウティングシーンには、明らかなステレオタイプと偏見が根強く存在している。例えば、南アジア人は子供のフットボール人口で白人に次ぐ割合を占めているにもかかわらず、業界内では彼らの存在が限られているのだ。実際、筆者が出席したプレミアリーグの勉強会では、南アジア人プレイヤーに対する根拠のない偏見が浮き彫りにされた。彼らは宗教的な理由でフットボールへの参加が難しい、親がアカデミックな職業を望む、体が弱いなどの誤ったイメージに苦しんでいる。

　黒人選手に関しても、フットボールコメンテーターが彼らを「パワフルなモンスター」と形容するケースが多いと、ある研究で明らかになった。見た目や体つきで選手のレベルがアンフェアに査定されることは非常に多い。『Big Deal!』という書籍によると１９７０年代には黒人というだけでスカウトが獲得を避けるケースも見受けられたそうだ。

　また、異なる民族グループが集まる地域では、イングランドフットボール協会の枠外で運営される独自リーグが存在し、そこで活躍する才能ある子供たちは国のリーグに登録されていないことが多い。スカウトはスカウト対象となるリーグを選ぶ際に、国から認められたスタンダードを満たしているクラブ、またはそれらが所属しているリーグを上位から見ていくことが多い。しかし、そこに意図的に入っていないリーグも多々ある。例を挙げると、ロンドンには大きなポーランド人コミュニティもあり、そこでは元ポーランド代表の選手が監督を務める、プロ選手を輩出しているハイレベルな少年団チームもある。しかしこれまでは言語の壁や文化的な違いにより、アカデミーから見過ごされがちだった。

　ただ、こうした偏見はこれから逓減《ていげん》し、接触の少ないエスニックコミュニティとのつながりも加速するだろう。プレミアリーグが主催するサウスアジアンタレントＩＤデイでは南アジア圏にルーツを持つ選手に限定した集中スカウティングイベントや、クラブスカウト向けの啓蒙《けいもう》勉強会が開催されている。アジアの文化で生活する人々がゲスト出演し、アジアにルーツを持つ選手のキャリアを考え、ポテンシャルがあるかを実際のデータを基に解明していく。クラブ単位で見ると、マイノリティのコミュニティに所属する子供たちをクラブハウスへ呼び、定期的な練習会とトライアルを開催するなど、トッテナムやアーセナルといったノースロンドンのクラブを中心に新タレントプールの発掘に向けて動き出している。

　さて、極寒の中のプレ・トライアルが終わり、今回もいい選手を見ることができた。帰り際に筆者の上司であるニックさんに、選手についてのフィードバックとレポートを渡す。このニックさん、チェルシーのアカデミースカウティングを始めてすでに10年が経つが、その前はディベロップメントセンターと呼ばれる場所でコーチとして働いていた。そこは、このプレ・トライアルで活躍した選手が次に行く場所だ。

　プレ・トライアルで注目された選手は次のステップとして本アカデミーに加わり、本格的なトライアウトのチャンスを掴む。うまくいけば12歳以上になると、通常はクラブから最低2年間の契約が提示される。これが理想的な流れだ。しかしそれよりも年下、つまりセカンダリースクールに進学する11歳までは、選手の所属は非常に流動的なのですぐにアカデミーに入らないケースも多い。流動的とは、頻繁にアカデミーとクラブのスクール間を行き来するという意味。

イングランドのクラブは、日本のJリーグクラブと同様に、サッカースクールのネットワークを展開している。子供たちは6歳から参加でき、長期的に選手を見るところでは、セカンダリースクールが終わる16歳まで在籍することができる。各地域には多数のスクールが存在し、特に優れた子供たちは地域のエリートスクールに集められる。エリートスクールで能力を示した子供たちは、次にクラブハウスで開かれるディベロップメントセンターへ推薦される。スカウティングのプロセスは、地方のスクールから地域のエリートスクール、そして中央のディベロップメントセンターへと進む流れとなっている。外部のクラブに注目すべき選手がいれば、「週に一度だけ来てくれ」と誘ってクラブに引き入れ、内部でモニターするのだ。

最近では、大手クラブがこのタレント確保にさらに力を入れている。クラブはスクールのコーチをプライマリースクールと呼ばれる日本の小学校に相当する場所へ派遣して、授業の一環としてフットボールのミニゲームやスキルゲームを実施する。そこでフットボールを単に遊びとしているクラブ未所属の子供や、運動神経が抜群な子供を見つけ、彼らをクラブのスクールに誘うのだ。フットボールタレントの発掘というより、スポーツタレントのフットボールへの誘いと言える。クラブがこのシステムを地域全体に展開すれば、実質的に全ての子供の才能をスクリーニングできるようになり、フットボールをしていない子でもフットボールに誘い込むことが可能だ。もはや他クラブとの競争というよりも、他スポーツとの人材の奪い合いである。

コラム

サッカー界で出会ったフレーズ⑪

“Never burn the bridge.”

「橋を燃やすな」。転じて「帰ることのできない場所を作るな」。

イングランドに渡って2年半が経《た》った頃、それまでは男子チームでしかスカウトをしていなかった筆者にひょんなことから「女子プロ2部のスカウトにならないか？」というオファーが来た。女子チームのスカウティングはまだまだ発展途上でこれから様々なシステムを導入していく、その黎明期《れいめいき》に携われるとのメッセージを知人からもらい、筆者も興味があったので本格的に参加することとなった。

しかし、契約内容の齟齬《そご》やコミュニケーションが不十分だったことによるすれ違い、他スタッフとのぶつかり合いなどにより、徐々にクラブとの間に溝ができ、最終的にはシーズン半ばにしこりの残る形で辞めることとなった。在籍したのはたったの5ヶ月だ。思い返せば、新しく入った場所で自分のやり方を貫こうとしてスタッフと衝突したり、伝え方に気をつかわずに職場のセーフティな精神状況を崩したりした自身のわがままさ、傲慢《ごうまん》さが招いた結果であった。

冒頭のフレーズは、ほぼ喧嘩《けんか》別れのような状態でクラブを去った筆者のことを最後まで心配し目をかけてくれていた当時のテクニカルダイレクターのエドワードが送ってくれた言葉だ。「帰れないような場所は作るなよ、雄己。それぐらいフットボール界は狭いぞ」。

フットボール界は本当に狭い。良くも悪くも評判は素早く伝わるし、隠すことは難しい。よっぽどのことがない限り、敵は作らない方が身のためだ。

第12章

フットボール都市ロンドンの生態系

［後編］

サウスロンドンを引っ張るクリスタル・パレス

ロンドン南部、セルハーストスポーツアリーナにはロンドン中のアカデミーから放出された14～17歳の選手が集められていた。ここで、近年急増している放出されたアカデミー選手を集めたショーケースゲームが行われている。現役時代に3部リーグで活躍していたコーチのキャメロンが、サイドラインで「サイドのスペースを使え」と指示を飛ばしている。

「あそこでボールに触ったデカい選手だよ。元々はクリスタル・パレスでプレーしてた」。

筆者の隣には10歳ぐらいの男の子がおり、聞くとその子の兄がプレーしているそうだ。U16までクリスタル・パレスで8年間プレーしたが、放出されたとのことだった。14歳の時点で１８０㎝あり、17歳になっても１８６㎝あたりまで身長は伸びているようだ。ボールタッチはぎこちないが、ボックス付近での緊急性のあるディフェンスや対人、相手の制圧は迫力がある。「スカウトをやっているの？　南ロンドンで一番うまい子たちはここにはこないよ」。

どうやらその男の子によると、クリスタル・パレスを観に行けとのことだった。いや、それはそうなんだが……。

男の子の言うことにも一理はある。クリスタル・パレスは南ロンドンのうまい子がもれなく吸収される場所なのだ。南ロンドンでスカウト間の会話に登場する選手はほぼ全員、パレスのトライアルにかかったことがあると思ってよい。それぐらい、このエリアではこのクラブが圧倒的な存在感を示す。一つ注釈をつけておくと、必ずしもトップチームの成績がアカデミーの成績に直結しているわけではない。クリスタル・パレスやウェストハム、フルハムはトップチームを見るとプレミア中位であるが、育成組織は国内でも随一の成績と育成力を誇る。スカウトもその育成力を武器にして、選手の確保に臨む。

クリスタル・パレスのアカデミーは2年ほど前に国内最高のカテゴリーであるカテゴリー1の称号を与えられ、そこに合わせてスカウトへの投資を強化した。カテゴリー1の称号はいわば育成のゴールドスタンダードを提供できる能力の証明であり、同カテゴリーのチェルシーやアーセナルにも堂々とスカウトの場で張り合う力を手にしたとも言える。力を入れたのはまず、人員の増強である。最初は数人のスカウトのコネクションを生かした情報収集だったが、現在ではパートタイムのスカウトが70人を超えている。そして今なおロンドン南西部のスカウトを募集中である。

パレスのアカデミーでパートタイムスカウトとして働いている友人によると、南ロンドンの10歳から12歳の試合をカバーするスカウトだけで15人近くおり、それぞれのスカウトが最低週４試合をカバーすることが義務づけられているとのこと。それだけで毎月最低でも２４０試合をカバーすることが可能だ。23年の5月にチェルシーやニューカッスルでスカウトとして活動したウェイン・スティーブンスさんが加入し、ローカルのスカウティング長に昇進したそうで、彼によって大人数のスカウトコミュニケーションが密になり、情報の受け渡しが加速しているそうだ。ただし、人数が多い分、組織内でのステップアップは難しいそう。

それぞれのスカウトは試合をモニターしているだけではない。パレスのパートタイムのスカウトの多くが、自分のサッカースクールを運営していたり、下部リーグの選手に対してプライベートセッションのコースを提供していたりする。有名なクラブをあげるとLambeth Tigers や Clapham Rangers などにはもれなくパレスのパートタイムスカウトがコーチングスタッフとして籍を置いている。これにより、その地域の目ぼしい子がネットからはみ出さないように地域と協力して囲っているのだ。

これらのスカウト網に加えて、パレスフォーライフと呼ばれる段階式のプレイヤーパスウェイも用意されている。ここではまずＴｉｅｒ１と呼ばれるオープンなスクールへ選手が応募して入団し、有望な選手は完全招待制のＴｉｅｒ２へ活動拠点を移す。Ｔｉｅｒ２でさらに選抜された選手たちが、スカウトやアカデミーコーチが待ち受けるクリスタル・パレスの本アカデミー施設でのＴｉｅｒ３に挑むのだ。ちなみにフィールドプレイヤーに限らず、ゴールキーパーにも独自のパスウェイが構築されている。

何度か彼らのＴｉｅｒ２やＴｉｅｒ３を視察したことがあるが、レベルは同地域の中でも非常に高く、しっかりと地域のハイレベルな人材を確保している印象だ。またここでもチェルシーと同じくアカデミーとエリートスクールの子供たちの入れ替えが激しく、誰かが入れば誰かが抜けるシステムは共通している。その入れ替えの頻繁さは子供たちの挙動にも現れる。クリスタル・パレスのアカデミーにフォーカスしたドキュメンタリーではアカデミーの子供たちが新しくトライアルに来た子供に対して、名前よりもまず先にどのポジションでプレーするかを聞くシーンがある。新しく入る子が自分と入れ替わる可能性があるのかどうか、常に気を張っているのだ。

タレントの激戦区である理由とは

クリスタル・パレスが拠点を置くサウスロンドンはイギリス国内でも有数のタレントホッ

トスポットである。エディ・ヌケティア、アーロン・ワン＝ビサカ、リース・ネルソン、エミール・スミス・ロウなど錚々《そうそう》たるメンツがこのエリアから輩出されてきた。そのため、ロンドン以外の地域のクラブもスカウティングの網をかけにきている。マンUは２０２１年にサウスロンドンのゴッドファーザーと呼ばれていた元クリスタル・パレスのアカデミースカウト副部長であるジャマール・ジャレットを獲得し、サウスロンドンからのタレントパイプラインを構築しようとしている。ジャマールは選手を見抜く審美眼だけでなく、地域に根ざす強力な少年団チームともつながりが強い。その大元を抑えたマンUのスカウト力はさすがである。ユナイテッドのライバルであるマンチェスター・シティも、現在はチェルシーでリクルートメント&タレントダイレクターを務めるジョー・シールズのコネクションを活用してサウスロンドンからジャイドン・サンチョ、イアン・カルロ・ポヴェダ、イエボア・アマンクウァなどのタレントを確保してきた。現在も複数人でこの地域を追っている。

　また、彼らのようなトップレベルのクラブ以外に、下部リーグのスカウトたちも目を光らせている。なぜなら、クリスタル・パレスU21は伝統的に、ジェスラン・ラク＝サキなどのトップタレントを除いて、選手と短い契約期間（基本は半年毎の契約）しか結ばないことで有名で、つまり選手に流動性があり、フリーで獲得しやすいからだ。他のクラブであれば、

U21に入団する際に選手と2年間のプロ契約、もしくは1年間の契約を結んですぐに契約を焼き直して4年契約を結ぶ。そのため、他から契約途中の選手を取られそうになっても、契約途中であることが多く、そこから契約が切れるまで1年、もしくは2年近く待たなければならないことがある。待ちたくないのであればしっかり違約金を払ってね、ということだ。その点パレスは半年毎の契約更新を掲げているため、長くても半年待てばその選手がフリーになるという仕組みだ。ダービー、スウォンジー、スティーブネジなどのＥＦＬ（2部リーグ）組に加えて、ロンドンを拠点とするノンリーグのブロムリー、エブスフリート、ダリッジ、キングストニアン、ヘンドンなどもパレスからこぼれ出たタレントたちの恩恵を受けている。

サウスロンドンにはユースチームだけではなく、カレッジチームとして強豪かつプロ輩出数最大を誇るKinetic Foundationが根を張っている。Kinetic Foundationは２０１１年にクリスタル・パレスのコーチだったハリー・ハドソンとジェームズ・ファザリンガムによって設立された。カレッジチームは日本の部活に近いシステムで、選手たちは学校教育やボランティア、ソーシャルプログラム、そしてフットボールのトレーニングを掛け持ちしている。カレッジからも近年は多くの選手がプロクラブのU21へと道を歩んでおり、特にこの

Kinetic は創立してから70名近くをプロクラブのＵ21に送り込んでいる。ジョシュ・マジャ、ジョー・アリボーなどコアなファンなら聞いたことがある名前が卒業生としてずらりと名を並べる。

また、Kinetic Foundation はコリンシアンカジュアルズと呼ばれる7部でプレーしているノンリーグの実質的なアカデミーとしても機能しているため、クラブチームのユースが出る国内最大の大会であるＦＡユースカップにも出場している。トップエリートたちはクラブチームへと直接移籍を果たし、その二番手である選手はコリンシアンカジュアルズで大人のフットボールを体感し、試合に出ることで自らをスカウトの目に触れさせる。

サウスロンドンに特別なタレントが集まるのは一体どうしてなのか？　それをテーマにしたドキュメンタリーシリーズ「South of the River」が２０２１年に公開された。映像の中ではサウス出身のフットボーラーたちのバックグラウンドが回顧され、なぜこの地域から多くのスターたちが生まれているのか検証された。そこでは、貧困街でハングリー精神があること、小さい頃からケージフットボールと呼ばれる金網で囲まれたフットサルコートサイズのピッチでストリートフットボールに慣れ親しんでいること、ギャングや犯罪に巻き込まれることが多く、その環境から抜け出す手段としてフットボールしかないことなどが理由に挙げられている。一方で、パレスでスカウトをするモハメドに話を聞くとこんな意見を述べていた。「ケージフットボールというけれど、本当にうまい子たちはストリートフットボールを始める7歳ごろにはクラブから目をつけられているからね。それより前の年齢で外で遊ぶのは危ない気がするけど。それよりも単純に子供が多いよここは。それじゃないか？」

結局、タレントが生まれやすい真の理由は深く複雑なため、「これです！」と一つの答えは出てこない。そうしたミステリアスな雰囲気もこの地域の特性だろう。

ウェストハムだけじゃないイーストロンドン

カニング・タウン駅から少し歩いた場所にあるフットボールピッチ。人工芝の上で汗をながす少年たち。統一したシャツを着ているわけではなく、それぞれがバラバラの柄だ。20人程度の選手たちが１９０㎝はあるコーチの指示をしっかりと聞き、ビブスを取った後それぞれのポジションに散らばっていった。

「ここにいるのは14歳から17歳までの選手たちだ。プロクラブのアカデミーから放出された選手やノンリーグのアカデミーの選手。毎週ここで彼らにトレーニングをしているのさ」。

長身コーチはこちらに近づき、続けて選手のプロファイルを教えてくれた。「彼はレイトンオリエント、赤のブーツの子はブロムリー、手前の彼はウェストハムからU14で放出されて今は新しいチームを探している。どんな選手を探しているの？」

ここで行われているのは元ウェストハムアカデミーコーチが指揮する「スペシャルスカッド」のトレーニングだ。少年団や元プロのコーチが将来性のある選手をコネクションやソーシャルメディアを通じて集め、週1回のトレーニング・練習試合を提供する。そしてそこにスカウトを呼び、選手の売り込みをする。この日も例に漏れず、チャンピオンシップやスコットランドからロンドン担当スカウトが集まっていた。集う選手たちは自分が所属するクラブの活動ももちろんあるが、そのクラブのレベルが高くなかったり、同じポジションに上手い選手がいて試合の機会が少なかったりとスカウトの目に触れる機会がない。そのため、こういった場にも出来るだけ参加する。イーストやサウスでは特に多い。

先ほど出てきたクラブ名はどれもイーストロンドンに籍をおくクラブだ。イーストロンドンでは、ウェストハムをその生態系の頂点に、ミルウォールやチャールトン、レイトンオリエントの下部プロクラブ、さらにはブロムリー、レッドブリッジ、ダガナム、バーキング、ダートフォード、ウェリング……といった歴史のあるノンリーグクラブが顔を揃える。

ただし、イーストロンドンのクラブは実は縦のつながりが薄く、全ての選手がウェストハムに吸収されるわけではない。理由の一つとしてレベルの高いU21がウェストハムしか存在しないことが挙げられる。ミルウォールやチャールトンなど2部、3部のクラブも存在するが、彼らのU21はウェストハムのU21が所属するプレミアリーグ2の一個下のカテゴリーである、Professional Development League 所属となる。これが他地域の2部クラブとの違いで、例えばノースロンドンであればU21がプレミアリーグ2に所属するノリッジがアーセナルやトッテナムの受け皿として機能している。その点、イーストロンドンはタレント育成に関してウェストハムとそれ以外のクラブの差が激しいと言える。Professional Development League でもタレントはもちろんいる。チャールトンのカロイ・アンダーソンやミルウォールのロメイン・エセはマンUやチェルシーなどへ移籍する噂が出ていた。彼らの試合にはトッテナムをはじめ、多くのプレミアリーグクラブが視察に来ていたことを思い出す。

Professional Development League に在籍する多くの選手は5部、6部、7部を中心としたノンリーグへとレンタルに出される。ここで跳ねた選手を2部や3部クラブのスカウト、スコットランド勢が狙う。なぜなら、多くの場合 Professional Development League のU21チームでプレーする選手はプロ契約の契約年数が短く、クラブ側も新規のプロ契約選手を雇用する経済的余裕がないため選手の移籍に積極的であるからだ。

また、イーストロンドンのクラブはプレミアリーグ2に所属する21歳以下の選手たちにとって大人のフットボールを体験する貴重な場所となっている。ミルウォール、チャールトン、レイトンオリエント、ダートフォード、ブロムリーの試合を見ると必ず18歳や19歳のタレントが見つかるが、彼らのほとんどがプロクラブからのレンタルである。フットボールの生態系を支えるために重要な役割を担っているのだ。

縁の薄かったノースロンドン

ノースロンドンは筆者があまりなじみのなかった地域であるため、できるだけ簡潔にまとめよう。アーセナル、トッテナムをはじめ、バーネットやボアハムウッド、正確にはロンドンではないが、ワトフォードやさらに北に行くとセントオルバンズ、ヒッチン、スティーブネジやノリッジ、ルートンまでがこのエリアをアカデミー年代からタレント発掘の拠点としている。その中でノースロンドンのスカウト覇権を握っているのは圧倒的にアーセナルだ。というより、もはやチェルシーと同じようにロンドン全体やイギリス全域を縄張りとしている印象がある。それほどまでにリソース、クラブのブランド、スカウトされてきた選手たちのパスウェイが他クラブとは一線を画する。

そんなアーセナルは近年、アカデミーとトップチームを含めてスカウティング＆リクルートメント部門の大変革を行った。アカデミーでは２０１９年にアカデミーダイレクターのペア・メルテザッカーを中心にスカウトメンバーを刷新。トップチームはコロナ禍においてそれまで世界中に散らばっていたリモートスカウトと長年チームを支えてきたパット・ライスやスチュアート・ヒューストンなどのベテランを30人以上解雇し、クラブハウスを中心とした中央集約型のスカウトチームへと編成を変えている。スカウトのクオリティコントロールと、地域ではなくポジションに基づいたスカウトのアサインを行うことが目的だ。それまでは各地域で「この右サイドバックがいいぞ」と連絡が来ても、他の地域にもっと良い選手がいることが多々あり、地域間の選手情報交換で二度手間になっていたそうだ。そのため今では各ポジションの専門家をスカウトとして揃え、そこに映像とデータ分析を組み合わせるスタイルへと変わってきている。

アカデミーのスカウティングに関しては非常にオーソドックスなプロセスである。エフェクティブチームプレイヤー、エフェクティブムーバー、チャンピオンメンタリティ、ライフロングラーナーの四つの面で選手を評価し、この四つの指標に沿ってアカデミー選手の内部評価と外部選手のスカウティングが行われる。他のクラブと同様に、複数の目で複数回選手を視察することをモットーとし、少数の意見に獲得の意思決定が依存しない工夫がされている。

プレミアリーグが全てではない

紹介したクラブやスカウトはロンドンフットボール界のほんのワンシーンに過ぎない。例えばフルハムは移籍金を払ってU21のチームにタレントを獲得する戦略から、U10までに地域のタレントを確保する方針へと切り替え、選手の教育プログラムや職業研修に力を入れ始めた。U21からトップチームへと昇格する選手が少ない彼らにとって、数千万～数億円の移籍金が発生するU21のスカウト戦略は割に合わないと感じたのだろう。チェルシーはアカデミー内部のスカウティングを強化するためにアカデミーゲームウォッチャーと呼ばれる内部選手専門のスカウトを設置し、U21とトップチームのつながりを深めるために新たな分析プロジェクトを設置している。また元アカデミープレイヤーのルベン・サムートをはじめとしたポジションスカウトも始まり、ここからまた変わっていくだろう。

マニアックすぎて割愛したが、８部のベイシンストーク・タウンでヘッドスカウトを担当していた時に手こずったウェストフィールド、ウォーキング、シアウォーターのスカウトネットワークの話やチェルシーのスカウトでビュッフェを食べていたローン選手担当のパウロ・フェレイラとの会話など、本当はまだまだ書きたいことだらけだ。

伝説的なスカウトの紹介もできていない。キャリアの初めに筆者にボールペンを貸してくれたＱＰＲのメル・ジョンソン。リース・ジェームズを見つけたチェルシーのロイ。「ユウキ、国際スカウトの移動は65歳の俺にとって結構辛いぞ」と言っていたトッテナムのケビン……。みんなジョークとウィットに富んだ素晴らしいスカウトたちだ。全てのスカウトにキャリアの物語があり挙げはじめると本当にキリがないため、とりあえずはここまでにしておこう。

筆者が前章とこの章で伝えたいメッセージをまとめると次のようになる。ロンドンのフットボールシーンはプレミアリーグだけに限定されておらず、その根っこである少年団から追い始めるとさらに楽しめる。また、横だけでなく縦のつながりを知ることでスカウトの流れがよく見えてくる。全てのレベルのフットボールにストーリーがあり、その数とバラエティが他の地域と比べて豊かであるロンドンは、全フットボールファンに一度は足を踏み入れていただきたい場所だ。

そして、ロンドンに行く際にはピッチ上の選手はもちろんのこと、スタンドにいるスカウトにも少しだけ目を配っていただけたら嬉しい。ボールがピッチから出ている間に熱心にノートをとっているのはほとんどスカウトだ。試合について話を振ってみても面白い。「あの選手は若い頃のボビー・チャールトンに似てるな。そういえば彼が若い時に俺のチームに指導にきてさ……」なんて会話が楽しめるかもしれない。

アカデミーの契約・移籍システム

最後に一つ補足したい情報がある。

アカデミー選手の獲得競争が起きていることについては何度か触れたが、アカデミー間の移籍を理解するために、イングランドのアカデミーにおける選手の契約システムを説明したい。これを覚えておけば今後もアカデミー選手の移籍話が出た際に深く理解できる。

まずは年齢の区切り。イングランドのアカデミーは2年区切りで、早ければＵ８から正式にクラブの一員としてメンバー契約ができる。そこからU10-U12-U14-U16-U18-セカンドチームと駆け上がっていく。U16までのアカデミー契約は報酬が発生しないため、「このクラブにコミットします」という意思表示と考えてもらってよい。正式入団が決定したらクラブのバッジを背負うアカデミー選手としてプレーを始める。

大きなターニングポイントは三つ。14歳、16歳、そして18歳だ。

まず14歳になると選手はU16へ昇格できるか否かの分岐点に立つ。昇格できればU16の2年間、アカデミー選手としてプレーする権利を得る。なぜこの年代が大切かというと、選手が14歳になった時点でクラブはスカラーシップと呼ばれる契約をオファーすることができるからだ。スカラーシップとはプレーに対する対価がクラブから選手へと支払われ、フルタイムのフットボールプログラム&学校教育プログラムがクラブから提供される、プロ契約一歩手前の契約のこと。これをクラブからオファーされることがU18（17歳と18歳）に入団する条件となる。

通常、この契約を結ぶのは16歳の選手でU16を卒業して、U18に入るタイミングなのだが、一部例外がいる。それはクラブが確実にプロになると自信をもって言えるエリートの選手たちだ。この層の選手には、選手が14歳になった瞬間にU16の2年契約はもちろん、その次の

U18スカラーシップ契約までまとめて4年間のオファーを提示する。それにより、クラブへとその選手を引き留めておく狙いがある。

U16（15歳と16歳）の時期はこのスカラーシップ契約一個手前のモニタリング期間として機能している。この2年間で選手がどこまでプロに近づけるか、スカウトは目を光らせている。この次の年代はスカラーシップ契約を勝ち取った者のみが進めるU18となる。そのためクラブによる選手選別も厳しくなり、さらに遅咲きの選手が開花し始める年齢でもあり、一気に競争が加速する。

そしてU18では18歳以上の国際移籍が禁止となった今、イングランド内でのアカデミー移籍が頻発し始めており、選手も現所属クラブのオファーを断り、さらに高いレベル、高い条件で移籍をすることが増えている。選手確保の年齢が極端に下がってきているのも最近の傾向の一つだ。

ルール上は14歳になった時点でU18まで確約するスカラーシップ契約をクラブは選手にオファーすることができると書いたが、実は14歳になった時点でU16＋U18へのスカラーシップの契約にとどまらず、プロ契約確約の条項までをも契約に入れるクラブが存在する。つまり14歳の時点で、プロ1年目である19歳まで有効な5年契約のオファーをするということだ。

これは昔からある手法なのだが、今後は自前の選手を守るため、もしくは他のクラブに取られても移籍金（契約違約金）を確保するために増えていくだろう。こうしないと、どんなに良い選手でも移籍の際には連帯貢献金と呼ばれるリーグで一律に定められたお金しかクラブには入ってこない。それもあってクラブはその一つ、二つ前の段階であるU10やU12のスカウティングに特に力を入れるのだ。アカデミーで巨額なお金が動く背景には、プロ契約前提条件のアカデミー契約が存在するわけだ。14歳のプロ契約を結べる年齢ではない選手に対しても、この条項が入っている場合は契約の違約金＝移籍金を支払う必要がある。14歳の選手でさえ４０００万～５０００万円の費用がかかるのだ。

　ロンドンのとあるクラブはU12年代のタレントを確保するために、クラブが提携しているスポーツブランドで使用できる商品券を３ヶ月に1回、２０００ポンド分（日本円でおよそ37万円）渡していた。

　またこれはノースロンドンのクラブの話だが、イギリス南西部、ロンドン郊外に住む、複数のクラブが狙っていた13歳の男の子を入団させるために、アカデミーとの契約条項の中にその選手の家族がロンドンに試合や応援に来る際には交通費、１泊15万円以上するロンドン中心部にあるマンダリンオリエンタルホテルへの滞在費、ホテルからクラブハウスまでへのハイヤー費用、外食費を含んだ契約を提示していたそうだ。もちろん海外遠征や代表遠征が入ればその都度飛行機はビジネスクラスシート。四つ星ホテルへの滞在費用もクラブが肩代わりしている。こうしたエピソードは特に驚くことでもなく、よくある話という感じだ。

そのため14歳の1年間は選手にとって非常に重要だ。クラブからすると2年間の通常のアカデミー契約を渡すべきか、4年間のオファーを出すべきか、プロ1年目まで含まれている5年契約を結ぶべきかを決めなくてはならない。前述した通り、チェルシーではアカデミーゲームウォッチャーと呼ばれるアカデミー内部専用のスカウトを配置し、コーチのみならずスカウトによる内部選手の評価も導入された。

また、最近では早期にプロ契約オファーをもらっているが、それを断って違うクラブとプロ契約を結ぶ選手がいる。アーセナルのイーサン・ヌワネリやサンダーランドのクリス・リグなどがその例だ。

実際の移籍例としてはウェストハムユナイテッドからマンチェスター・シティのU18へと移籍したディバイン・ムカサが挙げられる。彼の場合はプロ契約ではなくまだスカラーシップ契約なので数千万円ももらっているとは想像できないが、スポンサーやブランド契約を含めて多額のサラリーを受け取っている可能性はあるということだ。アカデミーの移籍ではスカラーシップ、もしくは初年度のプロ契約の年俸に加えて、スポンサー費用をくっつけるかも移籍実現度に影響を与える。

コラム

サッカー界で出会ったフレーズ⑫

"Football will take you where it wants to, not where you want to go. So just go with the flow, do your best and believe."

最後に紹介するのは筆者が実際に言われた言葉ではなく、現在チェルシーの監督を務めるマウリシオ・ポチェッティーノのトッテナム監督時代に迫った書籍『Brave New World』の中で紹介された、彼の師であるホルヘ・グリファ氏による言葉である。「フットボールの世界では思い通りにいかないことが多い。君の行き先はフットボールが決める。流れに身を任せて、努力し、信じなさい」。この言葉はキャリアの特定の地点ではなく、出会ってからその旅路を通してずっとそばにいた言葉である。

フットボールに職業として関わり始めて約7年になるが、キャリアや活動場所の決定権を自分自身が有していたことはない。インターンに2年間従事し3人の面接官全員がインターン時代の上司だったチェルシーの面接では最終選考で落とされたり、アーセナルのインターンシップ初日でインターン監督だった方がクビになったり、夏季休暇で日本へ帰りもつ鍋を福岡で食べている時に「来週クラブハウスに面接とプレゼンに来られない？　トップチームスカウトの仕事がある」とクリスタル・パレスの方からメッセージをもらい「ズームでもいい？」と返すと返信が来ずひと月後には違う人がスカウトになっていたり……と、自分としてはなんとかできたかもしれないチャンスをこぼしてきた感覚や、不運だったなと思う時が、その短いキャリアを振り返ると多々あった。いまだにあれは惜しいことしたなと思うこともなくはないが、最近はまさに今自身が置かれている環境に感謝し、そこで一生懸命業務に取り組もうと脇見せずに集中できるようになった。違う旅がその先で待っているだろうなと構え方が変わった。そもそも無給でサッカーの試合を見ていた人間が、今ではそれを生業《なりわい》にさせてもらえているのだ。幸せである。

　詳細はこの後に記すが、実は23年夏に日本に本帰国して、新しいクラブで働き始めている。それから2ヶ月が経った頃、ノースロンドンをホームタウンとする赤色をアイデンティティとしたクラブからフルタイムのスカウトの誘いがあった。連絡をくれた副部長さんに「もう新しいクラブに入っているよ」とメッセージを送ると、「そっか、残念。まあ1回ズームで話だけでも」ということだったので、一度お話をする機会を設けてもらった。その中でもオファーがどうのこうのという話が出ていたが、特に具体的なことは話さずスカウトの身の上話や最近のイングランド事情を聞いて終わった。「またの機会によろしくお願いします」とミーティングは終えたが、惜しいことしたな、とかイギリスに残っていれば、とかは全く思わなかった。こういう縁だったかな、まあまたこういう話があるでしょうと感じるだけだ。

ステップアップしたり自分が目指している場所に行くためには戦略的なアクションは必須で、今も続けているが、一方である程度の諦観《ていかん》、大きなフットボールの波に身を委ねることも必要だと感じる。大きな波に身を任せながら現状を精一杯楽しむ、享受する。今はそれが楽しい。

エピローグ——サッカースカウト、日本へ帰る

波乱のラストマッチ

ノースロンドンからさらに北へと電車で30分ほど行くと、ヒッチンと呼ばれる小さな街がある。その街をホームタウンとするその名もヒッチン・タウンＦＣは創設なんと１８６５年！　クラブのバッジは黄色と薄緑のカラーに鳥のマーク。チャンピオンシップのノリッジと瓜《うり》二つだ。この現在7部クラブでプレーするヒッチンが、ご近所クラブであり今シーズンからプレミアリーグに昇格したルートン・タウンとプレシーズンマッチを戦うことになり、スカウトに行くこととなった。ところが到着すると、受付の女性が「ストーク・シティからスカウトリクエストは届いてないよ」と言う。上司に伝えるとリクエストを忘れていて、チ

ケットは後から立替精算でかまわないとのこと。しかも受付でチームシートをもらうと、ターゲットにしていた３選手全員がスタメンじゃないどころかベンチ外。イングランド最後のスカウティングは波乱の幕開けだった。

それでも収穫はあった。まず７部のヒッチンでプレーしている右ウイングがプレミアリーグに昇格した相手の左サイドバックをキリキリ舞いにしている。最初の25分で７〜８回、１対１でぶっちぎっている。しかしどうやらエネルギーを前半に使い果たしたようだ。後半はトボトボ歩いていただけで、途中でベンチへと下がった。一方、１ヶ月後にプレミアリーグ初戦が待ち構えていたルートンはユース出身の選手が躍動した。試合はルートンが危なげなく勝利し、幕を閉じた。こうしてイングランドでのスカウトとして最後の試合視察を終えたのだった。

２０１９年の夏にイングランドに渡ってから丸４年。大学と大学院ではフットボールを学術的に学び、現場ではスカウトとして動き回った。留学開始当初からの予定帳を見返すと、スカウトとして視察した試合は５６６試合にのぼる。映像で見た試合を含めるとその倍以上になるだろう。ロンドン内とロンドン周辺をホームタウンとする、上は１部から下は10部のクラブまで、スカウトとして全てのスタジアムへと何度も足を運んだ。いつしか、業界関係

ドリンクショップの待機列を仕切るロープにはなぜか「ラグビーワールドカップ 2019」の文字が

者が行き先をその地名で指すように（日本テレビを汐留、TBSを赤坂と呼ぶイメージ）、筆者もスタジアム名ではなく地名を呼ぶようになった。渡英初年度の手帳には25歳までにUEFA Bの指導者ライセンスを獲るという目標が書いてあるが、もはやコーチングさえしていない。4年経つと人間の目標が変わるのは自然なことかもしれないが、コーチからスカウトへと夢が変わったのは単純に自分の移り気な性格だけが理由ではない。このフットボールの母国が持つスカウト文化の魅力がそうさせた。

ロンドンを囲むM25と言われる環状の国道に包まれたエリア、そしてその周辺には多種多様なフットボールクラブがこれでもかと顔を連ねる。そこでは大の大人たちがフットボールプレイヤーの情報をまるで秘宝発掘への手がかりかのように扱う、一見すると異様な光景があった。まるで探偵や記者のように、人間の頭の中にしか存在し得ない情報を掴み取る。フットボールへの愛情を超えて、コミットする。いつの間にか、なぜそれまでスカウトのことを知らなかったんだろうと思うほどに憧れは強まっていた。1人でピッチからピッチへと飛び回り、様々な手法で選手を追う。そんな単独行動が多く、なおかつミステリアスなスカウトたちのコミュニティへ自分も入っていきたい。そう思うようになった。そして実際にその末端に関わらせてもらうことができた。非常に充実した4年間だったと言える。

後悔は一つ。「ロンドンをホームタウンとするクラブでスカウトとして仕事をすること」は成し遂げられなかった（チェルシーでの活動はインターン）。最初の所属クラブとなったマンスフィールドタウンは今でもたまに場所を間違えるし、マザーウェルはそもそもスコットランドのクラブ。それにストーク・シティもロンドンから電車で2時間20分かかる。振り返ると、ロンドンのクラブとはことごとく縁がなかった。ウィンブルドンは書類で落ち、ボランティアのスカウトになれるチャンスがあったウェストハムはコロナでその話が消え去り、インターン後のチェルシーの面接では圧倒的ホームの環境なのに落とされ、最後まで縁がなかった。この夢はまたの機会に取っておく。

さらばロンドン、いざ日本へ

2023年の6月頭にシーズンが終わり、筆者は夏に大学院を卒業し、同時にストークのスカウトとしての2シーズン目を終えた。大学院を卒業したことや結婚したこと、あと1年で30代に突入することなど様々なタイミングが重なり、自らのキャリアについて再考することとなった。これからどうするか。どうなっていくか。スカウトから違う分野に興味が移ることはなさそうで、スカウトを続けたい意思は固かった。

問題は場所である。大学院を終了すると取得できる2年間の就労可能なビザに切り替えてパートタイムでスカウトをイングランドで続けながら、フルタイムの仕事を探す。これも一つの手だ。以前は選ばれることのない一般公募を受けまくるだけの確率の低い就活だったが、段々と知り合いが話を持ちかけてくれる機会が増えた。前の上司であるＴＪがオファーしてくれたチェルシー女子トップチームのフルタイムスカウト、前のボスのハンフリーが持ってきてくれたクリスタル・パレスのスカウトなど、２０２３‐２０２４シーズンに向けてありがたいことに数件のお仕事のお話をいただいた。

とはいえ、正直、丸４シーズンスカウトとしてロンドンエリアを走り回り、隅々まで見尽くした感もあった。まだまだスカウトとして半人前以下なので、スカウティングの全てを知り尽くしているわけではない。そして元プロ選手でもなく、コネクションも限られている筆者が一つの地域に活動場所を限定すると、その後の選択肢が狭まる。クラブがスカウトを探す時、特定の地域にスペシャルなコネクションを持っていることやその地域のフットボールシーンを把握していることが求められる。それが「ロンドン」だけでは狭すぎると感じたのだ。

また、生々しい話をすると、ロンドン地域のクラブでスカウトとしてフルタイムまで登り詰めることは、その競争倍率が高すぎるためほぼ不可能だと感じた。数千人がボランティアやパートタイムですでに働いており、その多くが年に10個空くかどうかわからないフルタイムのポジションを狙っている。これからそこへ新規参入する若者を含めると、とんでもない倍率となる。その採用争いに、ロンドンという一つの地域しか知らず、日本にもコネクションがなく、スカウト環境について明るくないため日本人という強みを活かすこともできない筆者が引っかかることはおそらく難しいだろうと、少し引いた目線で自分を見て思った。

それ以上に、違う場所でスカウトとして活動したいと筆者を突き動かした気持ちがある。それは紛れもない「未知なるタレントと遭遇したい欲」だった。

ロンドンで行われる育成年代の試合のなかにプレミアリーグインターナショナルカップと呼ばれる大会がある。プレミアリーグＵ21の数チームが欧州圏のＵ21と対戦するトーナメントだ。クリスタル・パレスとＰＳＧ（パリ・サンジェルマン）、フルハムとＰＳＶ、アーセナルとディナモ・ザグレブなど、若手選手好きには垂涎物《すいぜんもの》の試合が目白押しの大会である。この大会の醍醐味の一つが、欧州で輝く、自分の目が届いていないスターたちの台頭をお目にかかれること。育成年代は画像やテキストで情報は発信されているもののフルマッチが映像で配信されることは少なく、また現地で見る機会も少ないため情報量が限定されている。そんな中でスカウト仲間から「ＰＳＧの連中は見たことないレベルのプレーだぞ」との噂が流れ、その噂が頭の中で膨れ上がり神秘的な印象を持って試合へとおもむいた。

実際に試合を見ると、イングランドで育成された選手たちとはまた違う体の使い方や選手の特徴、チームのプレースタイルがあり、イングランドの強豪クラブをバッタバッタとなぎ倒していく。普段はロンドンという狭いエリアで試合を見ている筆者にとって、目の前で新たなハイレベルを体感できる機会は、広い視野を持たせてくれる意味で重要だった。こんな体験を繰り返していくうちに、視点が徐々に英国外へと向くようになった。ロンドンだけに限らず世界中でタレントを探す仕事をしたいと思ったのだ。

そう感じ始めてから日本へとアプローチをかけた。まずは筆者が過去にお世話になり、普段からメッセージのやり取りやズームをさせてもらっているクラブに連絡を取ったが、シーズン途中でタイミングが悪いことや、相手の求めるスカウト像とは違ったため、残念ながらポジションを得ることはできなかった。仕事にはつながらなかったが、日本でのスカウト経験がなく、イングランドから帰ってくる筆者をクラブに推薦するというリスクを取ってくれた以前の上司には大変感謝をしている。

次に思い浮かんだのはコールドメール的なやり方だ。イングランド時代にはプレミアリーグからリーグ2（4部）までの全クラブ、そしてブンデスリーガのクラブに履歴書とメッセージとスカウティング資料を封筒にこめて送ったことがある。だがこれは非効率的すぎるのと、各クラブへのリスペクトが欠けている。そのため今回この手段はやめた。

こうなったら自分をこれまで幾度となく救ってくれたソーシャルメディアに頼るしかないと思い立ち、日本サッカー界で名前とクラブ名を公表してソーシャルメディアを使用している方々に連絡をとった。Ｚｏｏｍや対面のアポイントメントを取りつけてもらい、自分を売り込む場所を作っていただいた。案外とツイッターやインスタグラムのダイレクトメッセージは見てもらえるもので、7クラブの方とお話しする機会を設けていただいた。その全てが仕事につながったわけではないが、シーズン中の忙しい時期に筆者のために時間を作ってくれた様々なクラブのスタッフの方々にはお礼を言いたい。昔テレビで見ていたような人々に自分の存在を認識していただいただけでも光栄だった。

そして幸運なことに、ソーシャルメディアでつながったとあるクラブにスカウトとしての試用期間を設けてもらい、一緒に試合を見たり、お酒を飲んだり、移動中の車内でフットボール談義をして時間を一緒に過ごし、まるでクラブの一員かのように扱ってもらった。最終的にそのクラブからフルタイムでオファーをいただいた。こういった成り行きで23年8月から日本のクラブでスカウトとして活動をさせてもらっている。

日本でのスカウトはロンドンとはまた違う魅力が広がっている。まず、クラブの監督やコーチと話す機会が増えた。イングランドでは基本的にスカウトは試合を見てパフォーマンスをチェックするだけで、クラブとのコンタクトは意思決定者が行っていた。一方、日本ではスカウトも積極的にチームのコーチングスタッフと会話をする。これにより、選手の内面や生活の規律、人間としての成長など試合を見るだけではわかりづらい部分も知ることができる。このコミュニケーションによって視野が一気に広がった。

また、日本には関東や関西など特定のエリアに強いチームが多くあるとはいえど、イギリスにおけるロンドンほどの一極集中はない。特に高校年代では関東だけでなく、東北や九州、中国地方など全国にタレントが散らばっている。全国各地にタレントが潜んでいることに、たまらなく興奮する。このように、日本に帰ってきてからも新しいタレントと邂逅《かいこう》する旅から毎日生き甲斐をもらっている。

スカウティングの変化はフットボールの「外」から始まる

今まで書いた原稿を読み返すと、改めてスカウティングはフットボールの領域を超えた社会的、文化的かつ複合的なアクティビティであり、フットボール界だけで完結しないことが認識できた。これが顕著に把握できたことは、年代別代表まで含めた代表選手の6割が外国にルーツを持つイングランドならではだ。イギリスのEU脱退や労働ビザの緩和、ロシアのウクライナ侵攻など社会情勢が選手発掘の傾向にも色濃く反映された。また、テクノロジーの発展も選手情報が世界中に流れるきっかけとなった。今ではコロンビアの2部でプレーする16歳のスーパープレーを地球の反対側である東京の電車内でチェックできる。オンラインのコミュニケーションツールで昼夜問わず連絡を取り合い、激しい獲得競争に拍車がかかり、また選手の売り込み先も自分が動ける範囲に限定する必要はなくなった。やはり、スカウティングを大幅に揺さぶるのはフットボール界の内側よりも、外側の出来事なのかもしれない。

加えて、スカウティング界の大きな流れとして、個人に任されていたタレント発掘業務にもテクノロジーが導入され、意思決定のあり方を変え始めている。組織的スカウティングが始まり、個人や一つの情報源に依存しないホリスティックな戦略的タレント発掘&獲得が繰り広げられている。昔ながらのやり方を踏襲しつつ、新しいイノベーションを積極的に取り入れ、自分たちの血肉と化しているのだ。こうしたサイクルが回るスピードも早い。本書の基となった連載を開始して1年にも満たないが、過去の記事を見返すとすでに修正するべき点が目につく。あえてその時点でのログとして残しておくが、それだけスカウティング界の変化スピードは早い。

今後の展望も少し書いておきたい。連載当初からスカウトを知ってもらうことを目標に書いていたが、実は最近ツイッターで「スカウトに興味があるのですが……」と学生からダイレクトメッセージをもらう機会が少しずつ増えた。さらに、連載を通じて他業種や他業界で活躍されている方々とつながることも多くなった。読んでいただいていることも嬉しいが、それ以上にスカウトの存在に以前よりも興味を持ってくれている人が増えたように思えて、それが嬉しい。

筆者がこれからやりたいことの一つは、以前も書いたが次世代スカウトの育成だ。今の若い世代を見ると、使用できるテクノロジースキルの幅や学術的知識、戦術や技術への傾倒は筆者を含めた今までの世代をゆうに凌《りょう》駕《が》する。そんな彼ら彼女らに、そのほんの少しのエネルギーをスカウティング分野に注いで欲しいのだ。

また、新しい目標としてはオープンなスカウティングのイノベーショングループのような存在を作りたい。選手発掘から獲得までのプロセスはまだまだ足りないことだらけだ。専門性が世界的に乏しい領域が存在したり、実証が行われていない情報に基づいた意思決定が残っていたり、情報集約の手法などに（自身を含めて）課題が残る。それを解決するにはフットボール界に限らず、他の分野で活躍している人たちに興味を持ってもらい、オープンに策を練り上げていくことが必要だ。スカウティング×何かを推し進めていきたい。

謝辞

最後になりますが、スカウトという生業を多くの方々に紹介する機会を筆者にくれた光文社新書の皆様、そして特に怪しさ満点な自分にダイレクトメッセージをくれた高橋恒星さんに感謝を示したい。「スカウトする側だった自分が初めてスカウトされた」という今後も心に残るであろう体験をくれたこと、文章で思いや記憶を残す方法を教えてくれたことなど、数えきれないほど勉強させていただきました。本当にありがとうございました。

ということで本書はこれで終わり。ここまでお読みいただきありがとうございました。スカウティングという世界をお楽しみいただけたでしょうか？　まだまだ語られていない部分、僕にはカバーできていない部分があります。そこは皆さんにぜひスカウトになって体験していただきたいです。

“Basically, everyone is a scout.”

アーセナルのアカデミーダイレクター、ペア・メルテザッカーのこの言葉にあるように、選手に対して意見を持てば誰だってスカウトなのかもしれません。

僕のタレントを探す旅はまだまだ続きます。いつかスタンドで皆さんとお会いできた時はあなたの地域の選手の話を聞かせてください。それでは。

田丸雄己（たまるゆうき）

1994年生まれ。高校卒業後、イギリスに短期留学した後、Jリーグクラブやサッカーコンサルティング会社での勤務を経験。その後、ロンドンにあるセント・メアリーズ大学に進学。在学中にイングランド・プレミアリーグのチェルシーのアカデミーでスカウトのインターンを経験したのち、イングランド2部のストーク・シティとスコットランド1部のマザーウェルでスカウトとして活動。ロンドンエリア、Jリーグのスカウトを担当した。'23年夏に日本へ帰国し、Jリーグクラブのスカウトを務める。本書が初の著書となる。

スカウト目線《めせん》の現代《げんだい》サッカー事情《じじょう》

イングランドで見《み》た「ダイヤの原石《げんせき》」の探《さが》し方《かた》

2024年2月29日初版1刷発行

著　者 ── 田丸雄己

発行者 ── 三宅貴久

装　幀 ── アラン・チャン

印刷所 ── 堀内印刷

製本所 ── ナショナル製本

発行所 ── 株式会社光文社
東京都文京区音羽1-16-6（〒112-8011）
https://www.kobunsha.com/

電　話 ── 編集部03(5395)8289　書籍販売部03(5395)8116
業務部03(5395)8125

メール ── sinsyo@kobunsha.com

 ISBN 978-4-334-10221-0

光文社新書

1275

朝、起きられない病
起立性調節障害と栄養の関係

今西康次

「だるさや頭痛、吐き気で起きられない」…中高生の1割が悩む起立性調節障害を栄養の観点から治療・改善させている医師が、発達に必要な栄養や周囲の対応について症例を交え解説。

978-4-334-10069-8

1276

人事変革ストーリー
個と組織「共進化」の時代

髙倉千春

個が活きる組織とは――。複数の外資企業や日本企業で戦略人事や人事制度改革に取り組んできた人事のプロフェッショナルが、これからの日本企業に求められる「新たな知恵」を示す。

978-4-334-10088-9

1277

愛とラブソングの哲学

源河亨

この世はなぜラブソングであふれている⁉ 共感できるから？ 愛が普遍的だから？ 生物学・脳科学・歴史学・社会学など様々な学問を駆使して、哲学研究者が問いの答えに迫る。

978-4-334-10089-6

1278

ワクチンを学び直す

岩田健太郎

効果、安全性、種類、活用法――最新の動きに加え、予防接種制度や海外のワクチンも含めたワクチン接種の全体像を、感染症の専門家が分かりやすく解説。今こそ、正しい知識を！

978-4-334-10090-2

1279

日本企業はなぜ「強み」を捨てるのか
増補改訂版『日本〝式〟経営の逆襲』

岩尾俊兵

「カネよりヒト」のスタイルこそ日本企業の強みだったが、自らその姿勢を手放してしまったのはなぜか。東大初の経営学博士号を取得した気鋭の経営学者が説く、日本経済復活への道。

978-4-334-10091-9

1280

新説 徳川家康
後半生の戦略と決断

野村玄

秀吉の没後、豊臣家と豊臣恩顧の大名たちからの制約の中で家康はどのように政治的な手腕を発揮し、幕府の礎を築いていったのか。一次史料から家康の真の偉大さに迫る。

978-4-334-10131-2

1281

発達障害児を育てるということ

柴田哲　柴田コウ

父は発達心理学を研究する大学教授。母は公認心理師。発達の専門家夫妻が軽度自閉症児の息子と送る日々を、保護者視点と研究者視点を行き来しながら綴った「学術的子育てエッセイ」。

978-4-334-10132-9

1282

教養としてのパンク・ロック

川﨑大助

「パンク」の語源は？　誰が「パンク・ロック」と名付けたのか？　なぜ髪を逆立てるのか？　なぜトゲトゲの付いた革ジャンを着るのか？　パンクの発想・哲学を名盤１０５枚とともに解説。

978-4-334-10153-4

1283

犯罪へ至る心理
エティエンヌ・ド・グレーフの思想と人生

梅澤礼

どのようにして人は犯罪に手を染めることになるのか。誰もが罪を犯しうるとしながら、それでも防ぐ方法を模索し続けた、20世紀ベルギーの精神科医・犯罪学者・作家の歩みを丁寧に辿る。

978-4-334-10134-3

1284

だからタイはおもしろい
暮らしてわかったタイ人の「素の顔」

髙田胤臣

経済格差、階級社会、利己主義……。微笑みの裏側には色々あっても、したたかに、サバーイ（気楽）に生きる。ともに暮らしてはじめてわかる、タイ社会とタイ人の本質とは。

978-4-334-10135-0

光文社新書

1285

毒母は連鎖する
子どもを「所有物扱い」する母親たち

旦木瑞穂

理不尽な仕打ち、教育虐待、ネグレクト……。子どもを自らの所有物のように扱い、負の影響を与える毒親。その中でもとりわけ母親から娘へと伝染する「毒」に8人の取材から迫る。

978-4-334-10169-5

1286

京大合格高校盛衰史
天才たちは「西」を目指した

小林哲夫

京大の「自負」と高校の「執念」。自由の校風と最先端研究を目指して繰り広げられた京大受験の歴史を、一九四九年以降の合格者数ランキングから徹底分析。東大ではダメなんだ！

978-4-334-10133-6

1287

台湾の本音
〝隣国〟を基礎から理解する

野嶋　剛

首都はどこ？　親日である理由は？　中国とはどういう関係？　日本で関心が高まるわりに、実情はよく知られていない台湾。そんな〝隣国〟の姿を6つの問いから詳らかにする。

978-4-334-10170-1

1288

白内障の罠
一生「よく見る」ための予防と治療

深作秀春

後悔しないために…日常生活や栄養面での留意点、手術法の歴史や最新治療について、世界的眼科外科医が徹底解説&警告！プロの画家でもある著者が「見るとは何か」から教えます。

978-4-334-10171-8

1289

ボロい東京

三浦展

錆、苔、扉、管、看板、郵便受け……。ボロいのに、いや、ボロいからこそ美しい。ありふれたようで失われつつあるボロい風景の数々を、十数年撮りためたスナップから厳選した写真集。

978-4-334-10172-5

光文社新書

1290

日本のクラシック音楽は歪んでいる

12の批判的考察

森本恭正

これまで日本で検証されてこなかった「真実」とは——。私たちは何を見逃し、聴き逃してきたのか。作曲家・指揮者が、二十年を超える思考の上に辿り着いて示す、西洋音楽の本質。

978-4-334-10196-1

1291

「生命の40億年」に何が起きたのか

生物・ゲノム・ヒトの謎を解く旅

林純一

40億年前に誕生し、姿形を変えながら現在まで連綿と命をつないできた生き物たち。その本質とは一体何なのか。常識を疑った先に広がる、ユニークな生き物たちの世界を描いた意欲作。

978-4-334-10197-8

1292

日本のヴァイオリニスト

弦楽器奏者の現在・過去・未来

本間ひろむ

日本におけるヴァイオリン受容史から、「歴史的名器」をめぐる逸話、新世代の弦楽器奏者まで、「楽器に選ばれし者」の物語。【日本のヴァイオリニスト・ディスコグラフィ30】付録付き。

978-4-334-10198-5

1293

在宅緩和ケア医が出会った

「最期は自宅で」30の逝き方

髙橋浩一

どこで、どのように過ごし、最期の時を迎えるか。希望をどう叶えるか。在宅緩和ケアに取り組んできた医師が紹介する、患者との出会いから看取《みと》りまでの数々のストーリーから学ぶ。

978-4-334-10199-2

1294

スカウト目線の現代サッカー事情

イングランドで見た「ダイヤの原石」の探し方

田丸雄己

育成の進歩、移籍競争の激化、データでの目利きなど、サッカー界の最前線で起きていることを英国で活動する若きスカウトが分析するとともに、謎に包まれたスカウトの仕事を語る。

978-4-334-10221-0

光文社新書

1295
創作者の体感世界
南方熊楠から米津玄師まで
横道誠
天才たちの仕事を読み解く鍵は、発達障害に通じる特性が握っていた？　発達障害と診断された文学研究者が、自身の「感」と「知」で文献を渉猟。「障害」の意味を読み替える「当事者批評」実践の書。
978-4-334-10222-7

1296
大江健三郎論
怪物作家の「本当ノ事」
井上隆史
大江健三郎とは何者だったのか——。「奇妙な仕事」『万延元年のフットボール』『沖縄ノート』など、その作品世界を丹念に追うことで、いまだ明らかになっていない大江像を探る。
978-4-334-10223-4

1297
嫉妬論
民主社会に渦巻く情念を解剖する
山本圭
隣人が、同僚が、見知らぬ他人が羨ましい——。苦しく、みっともない感情にどうしてこうも振り回されるのか。人々を揺さぶる「厄介な感情」を政治思想の観点から多角的に考察。
978-4-334-10224-1

1298
漫画の未来
明日は我が身のデジタル・ディスラプション《破壊的変革》
小川悠介
スマホ向け漫画「ウェブトゥーン」の台頭に、絵を自動で描く「生成AI」の進化。デジタル時代に、漫画はどこへ向かうのか？　取材を重ねた記者が、経営・ビジネスの観点からその未来図を探る。
978-4-334-10225-8

1299
死なないノウハウ
独り身の「金欠」から「散骨」まで
雨宮処凛
失職、介護、病気など、「これから先」を考えると押し寄せる不安……。各界の専門家に取材し、使える社会保障制度などを紹介する、人生の荒波をサバイブするための必須情報集！
978-4-334-10226-5